GREGG BRADEN

Die Weisheitscodes

GREGG BRADEN

Die Weisheitscodes

Uralte Energiemuster, die unser Gehirn neu vernetzen und unser Herz heilen

Aus dem Englischen von
Maria Müller-de Haën

MOMANDA

Selig der Mensch,

der Weisheit

gefunden,

der Mensch,

der Einsicht

gewonnen hat.

Denn sie zu erwerben

ist besser als Silber,

sie zu gewinnen

ist besser als Gold.

Sie übertrifft die Perlen an Wert,

keine deiner Kostbarkeiten

kommt ihr gleich.

langes Leben

Langes Leben birgt sie in ihrer Rechten,
in ihrer Linken Reichtum und Ehre;
ihre Wege sind schöne Wege,
all ihre Pfade führen zum Glück.

Reichtu

Ein Lebensbaum ist sie denen,
die nach ihr greifen,
wer sie festhält,
ist glücklich zu preisen.

Glück

Bibel (Einheitsübersetzung 2016), Sprichwörter 3,13–18

INHALT

**Ein einziges Wort hat die Macht,
die Expression jener Gene zu beeinflussen,
die physischen und emotionalen Stress regulieren.**

*Andrew Newberg, M.D., Neurowissenschaftler,
und Mark Robert Waldman*[1]

**Ich kenne nichts auf der Welt,
das eine solche Macht hat wie das Wort.**

Emily Dickinson, Dichterin[2]

VORWORT

Überall auf der Welt trösten sich die Menschen in Zeiten der Not mit Worten. Vom »Blessing Way«-Gebet der Navajo-Indianer in den Wüsten des amerikanischen Südwestens (*Diné* in ihrer Sprache), mit dem die natürliche Ordnung in chaotischen Zeiten geehrt wird [siehe auch Weisheitscode 12], bis hin zum sogenannten »Aaronitischen Segen«, der auf zwei winzigen aufgerollten Silberblechen entdeckt wurde und fast 3000 Jahre alt ist, finden sich in der Geschichte jede Menge Beispiele für Worte, mit denen sich die Menschen getröstet, beruhigt und beschützt haben.

Der HERR segne dich und behüte dich; der HERR lasse sein Angesicht leuchten über dir und sei dir gnädig; der HERR hebe sein Angesicht über dich und gebe dir Frieden.

(Aaronitischer Segen, 4. Mose 6,24–26; Einheitsübersetzung der Bibel 2016)

Seit Menschengedenken haben wir besondere Wörter gesprochen – ob nun allein oder gemeinsam, laut oder im Stillen, förmlich oder informell, um schwierige Momente im Leben zu bewältigen.

Unsere Schöpfungen können wir als Ausdruck der in uns wohnenden Vorstellungen betrachten; damit sind Kunstwerke, Filme, Musik und Schriften mehr als nur bloße Unterhaltung. Angesichts einer solchen Beziehung zwischen unserer Innen- und Außenwelt ist unsere Inspiration ein sich selbst informierendes Bewusstsein, das uns unsere unerschlossenen Möglichkeiten und Potenziale in Erinnerung ruft. So betrachtet offenbaren die spirituellen Traditionen der Vergangenheit sowie die Worte, die sie bewahren, als lebende Beispiele eine zeitlose Kommunikation.

Mit diesem Buch wollte ich Worte, die wir früher in Zeiten der Not vertrauensvoll gesprochen haben, in einem leicht lesbaren, schnell zugänglichen Handbuch für unsere moderne Zeit zusammenstellen. Diese hoch verehrten Gebete, Mantras, Gesänge und Hymnen sollen Gewissheit verschaffen, uns schützen und heilen, wenn wir im Leben Gefahren, Verletzungen, unsagbaren Verlusten und Selbstzweifeln ausgesetzt sind. In solchen Zeiten sind oft Familie und Freunde trotz ihrer gut gemeinten Unterstützung überfordert; sie schaffen es nicht, in die dunkle Leere unserer emotionalen Abgründe einzudringen. Dann sind wir womöglich nur auf uns selbst gestellt. Und letztendlich brauchen wir auch nichts weiter.

Sobald ich diese simple Wahrheit wirklich verstanden hatte, war mir auch klar, dass wir alle die Macht haben, unser Gehirn nach Bedarf neu zu vernetzen, und dadurch die Wahl haben, wie wir auf die Extreme des Lebens reagieren wollen – wir haben die Macht, *uns selbst zu regulieren.*

Indem wir bewusst die Wörtercodes der Vergangenheit auf unsere gegenwärtigen Herausforderungen anwenden, profitieren wir von der Weisheit der alten Weisen, Heiler, Mystiker und Propheten, statt weiterhin Opfer zu sein. Wir werden nicht mehr von unseren Umständen definiert, sondern werden zu Meistern unseres Schicksals.

Genau das ist die Kraft der *Weisheitscodes.* In ihrer Gegenwart werden wir verändert. Sprechen wir die Worte laut oder im Stillen, wandelt sich etwas in uns. Und dieses »Etwas« ist der Punkt, an dem die Kraft von Worten, Chemie und Neuronen auf wunderbare Weise zusammenfindet. Wir assoziieren die Worte der Codes mit der Bedeutung, die wir den Worten verleihen, und diese Assoziation leitet unsere Gehirnzellen (Neuronen) an, sich präzise auf eine Weise miteinander zu verbinden, die unsere Biologie mit der Energie unserer Emotionen in Harmonie bringt. Nun sind wir auf chemischer Ebene nicht mehr derselbe Mensch wie nur Augenblicke oder ein paar Stunden zuvor. Genau dieser Unterschied öffnet die Tür zu neuen Denk-, Fühl- und Verhaltensweisen hinsichtlich der von uns erlebten Verluste, Ängste und Vertrauensbrüche.

Dabei mag es sich um sehr subtile Veränderungen handeln, die von anderen Menschen in unserem Umfeld gar nicht bemerkt werden, doch genau diese Veränderungen verleihen uns die Weisheit, das Vertrauen und die Kraft, in uns eine tiefere Macht zu erwecken.

EINFÜHRUNG

Wir denken in Wörtern.
Wir sprechen in Wörtern.

In der Stille unseres Geistes hören wir die aus Wörtern bestehenden Botschaften unserer unterbewussten Gedanken, und zwar laut wissenschaftlichen Schätzungen sechzig- bis achtzigtausend Mal am Tag – ein schwindelerregendes Tempo.

Wie neue Belege vermuten lassen, geht die Macht unserer Worte weit über frühere Statistiken hinaus. Neueste Forschungsarbeiten bestätigen eine Theorie, die zum ersten Mal Anfang des 20. Jahrhunderts aufkam: Die Wörter unserer Alltagssprache haben einen direkten Einfluss darauf, wie unser Gehirn sich »vernetzt«, also *wie* wir denken und sogar *was* wir überhaupt zu denken vermögen.

Die Entdeckung

Die Entdeckung der Beziehung zwischen Wörtern und Gehirn ist keineswegs einer gut koordinierten Forschung in einem hochmodernen Labor zu verdanken, die nach einer solchen mystisch klingenden Verbindung sucht, sondern ist vielmehr das Ergebnis einer unerwarteten Erkenntnis, die auf einem ungeplanten Lehrauftrag beruht: Im Zeitraum von 1937 bis 1938 sprang der amerikanische Linguist Benjamin Lee Whorf als Ersatzlehrer einer Graduiertenklasse für indianische Sprachwissenschaft ein. Whorf vertrat einen Kollegen, der ein Sabbatjahr einlegte. Damals fiel ihm eine bisher übersehene Nuance in der Sprache der nordamerikanischen Hopi-Indianer auf, wo Alltagsereignisse ohne Zeiterfahrung oder Zeitbezug beschrieben werden. Die Sprache der Hopi verwendet Wörter für den gegenwärtigen Moment und für das, was im Moment geschieht, verfügt aber über keine Wörter, die die Vergangenheit oder die Zukunft direkt beschreiben.

Dieser Sprachgebrauch führte zu einem Paradigmenwechsel. Whorf entdeckte daraufhin, dass unsere Worte die Art und Weise beeinflussen, wie unsere Neuronen miteinander verbunden sind – eine Entdeckung, die die wissenschaftlichen Überzeugungen seiner Zeit erschütterte und heute noch umstritten ist, aber auch gefeiert wird.[1]

Sprache, die den Moment beschreibt

Whorfs Entdeckung wird perfekt veranschaulicht am Beispiel von Blitzen am Himmel bzw. der Art, wie die Indianer diese Erfahrung erleben. In der Sprache der Hopi wird ein Blitz in Form eines Verbs, also eines Vorgangs, beschrieben, und nicht als Substantiv für etwas Existierendes. Sie sagen so etwas wie »Es ist blitzend«, weisen also darauf hin, dass der Blitz in einem *Seinszustand* ist; sie betrachten »den Blitz« nicht als ein natürliches Objekt.

Auch wenn es um das Meer geht, wird die einzelne Welle nicht als Substantiv, nämlich als »die/eine Welle« beschrieben; die Hopi betrachten die Welle als Teil eines allumfassenden, lebendigen, gegenwärtigen, im Moment geschehenden Systems. Diese Denkweise spiegelt sich in der Sprache wider, die die Erfahrung beschreibt; sie sagen: »Es ist wellend«, so wie ein Blitzstrahl »blitzend« ist.

Die Worte eines lebendigen Universums

Dank dieser Wortstrukturen – so Whorfs Überzeugung – haben die Hopi ein so harmonisches Selbstverständnis; diese Wortstrukturen bestimmen ihre Lebensstruktur und ihren Blick auf ihre Beziehung zum Kosmos. In der Gesamtheit der Schöpfung sehen sie beispielsweise ein lebendiges Universum voller Verbundenheit, das vor langer Zeit aus einem harmonischen Urzustand hervorgegangen ist.

In diesem System der Einheit betrachten die Hopi Zusammenarbeit zwischen den Menschen und in der Natur als alltäglichen Ausdruck einer universalen Harmonie, die sich durch den gesamten Kosmos erstreckt.

Diese lebensbejahende Denkweise steht in scharfem Kontrast zur konventionellen wissenschaftlichen Perspektive, die das Universum als ein »totes« System auffasst, das vor langer Zeit aus einer Reihe von zufälligen, unglaublich glücklichen kosmischen Ereignissen entstand.

Mit dieser Weltsicht einer für uns günstigen Biologie führt die etablierte Wissenschaft unseren Ursprung und unseren Fortbestand auf einen erfolgreichen Wettbewerb oder auf das *Überleben des Stärkeren* – wie der Naturforscher Darwin es im 19. Jahrhundert nannte – bzw. auf die natürliche Selektion zurück. Doch wie uns die wissenschaftliche Spitzenforschung des 21. Jahrhunderts inzwischen sagt, ist diese Annahme einfach nicht wahr. Wie neue Entdeckungen in der Biologie, aber auch in anderen Biowissenschaften zeigen, ist Zusammenarbeit – nicht Wettbewerb und Konkurrenzdenken – die Grundregel der Natur.[2]

Wörter können das Gehirn verändern

Die Beziehung zwischen Wörtern und Leben hat profunde Auswirkungen. Anscheinend bildet die Sprache, die wir verwenden – *die Wörter, die wir auswählen, um uns zu beschreiben und unsere Gedanken, Gefühle, Emotionen und Überzeugungen anderen mitzuteilen* –, tatsächlich den Rahmen für das von uns erlebte Eins- bzw. Getrenntsein, wenn wir denken und die Probleme des Alltags lösen.

Diese inzwischen nachgewiesenen Wort-Gehirn-Beziehungen haben nun die Tür zu einer noch tiefer gehenden Frage geöffnet: Könnten wir durch die Wahl bestimmter Wörter, mit denen wir unsere Herausforderungen angehen, womöglich unser Gehirn neu vernetzen und so neue Lösungsmöglichkeiten für unsere Probleme finden? Oder anders ausgedrückt: Können wir mithilfe bewusst gewählter Wörter bzw. Wortmuster tatsächlich anders denken und fühlen, wenn wir eine Krise durchleben, ein Trauma oder einen Verlust erleiden oder Notzeiten erleben? Die Antwort lautet kurz und knapp: Ja! Und die lange Antwort? Darum geht es im Rest dieses Buches. Wie wir auf den nachfolgenden Seiten sehen werden, war genau das die Überzeugung unserer Ahnen. Und sie erkannten diese machtvolle Brücke zwischen Worten und Biologie nicht einfach nur an, sondern nutzten ihr Verständnis in Form von Wortcodes in Zeiten der Not.

In ihrem Buch *Die Kraft der Mitfühlenden Kommunikation: Wie Worte unser Leben ändern können* greifen der Arzt Andrew Newberg und sein Koautor Mark Robert Waldman die Ideen Whorfs auf und erklären uns die Wort-Gehirn-Verbindung ganz genau. Sie beschreiben diese Beziehung klar und deutlich: »Ein einziges Wort hat die Macht, die Expression jener Gene zu beeinflussen, die physischen und emotionalen Stress regulieren.«[3]

Newberg und Waldman decken zudem eine Beziehung zwischen unseren Worten und unserem Körper auf, die über die Gene *hinausgeht* und unsere Wahrnehmung der Realität beeinflusst. Dieses Phänomen nimmt im Thalamus seinen Anfang, einer kleinen Drüse im Zwischenhirn: Sie gibt Sinnesinformationen an Gehirnareale weiter, die diese Signale interpretieren, dementsprechend in Aktion treten und so unsere Wahrnehmung der Welt formen. Newberg und Waldman schreiben: »Mit der Zeit verändert sich in Reaktion auf unsere bewusst gewählten Worte, Gedanken und Gefühle auch der Aufbau des Thalamus, und nach unserer Überzeugung wirken sich diese Veränderungen im Thalamus darauf aus, wie wir die Realität wahrnehmen.«[4]

Die Erkenntnisse, von denen sie berichten, erweitern die Menge an Beweismaterial, das die Macht der Worte und ihren möglichen Gebrauch in schwierigen Lebenssituationen offenbart.

Die Weisheitscodes

Whorfs Entdeckungen im 20. Jahrhundert und neueste Erkenntnisse aus Neurowissenschaft und Biologie erzählen dieselbe Geschichte, sie weisen auf dieselbe Beziehung hin. Unsere Worte beeinflussen unsere Körperchemie, die Neuronen im Gehirn und die Art der Vernetzung und Aktivierung unserer Neuronen, wodurch bestimmt wird …

- *wie* wir über uns selbst denken und unsere Probleme lösen;
- *was* wir überhaupt zu denken vermögen.

Diese Einsichten verleihen den Gesängen, Hymnen, Gebeten und Mantras, wie wir sie aus alten Traditionen kennen, eine neue Bedeutung. Jahrtausendelang haben Väter ihren Söhnen, Mütter ihren Töchtern, Schamanen anderen Schamanen, Heiler anderen Heilern präzise Worte und rituelle Sätze weitergegeben. Seit es die Schrift gibt, wurden diese Botschaften für zukünftige Generationen in heiligen Schriften und geheimnisvollen Glyphen bewahrt, die die Zeit überdauert haben. Heute finden wir das Erbe unserer

Vorfahren an einigen der abgelegensten, isoliertesten und verborgensten Plätze auf der Erde: in Klöstern, Tempeln und Gräbern, den stummen Lagerstätten zeitloser Weisheit. Auch in den heiligen Schriften der spirituellen Traditionen unserer Welt ist dieses verbale Erbe aufgezeichnet.

Unsere Ahnen haben ihre Geheimnisse für die Menschen ihrer Zeit bewahrt, aber auch für die Menschen der Zukunft, die für sie bloße Vorstellung waren: *für uns.* Sie spürten, dass zukünftige Generationen die gleichen emotionalen Anker und die gleiche psychische Stärke benötigen würden, um angesichts von Kriegen und Kämpfen, klimatischen Extremen und sozialem Chaos überleben zu können, wie sie es auch selbst erlebt hatten und wie es, wie sie mutmaßten, immer wieder passieren würde.

Von den uralten Sanskrit-Veden, die vor 7000 Jahren entstanden sein sollen, über das Mahabharata, die Lehren von Buddha, bis hin zu den »verschollenen« Texten der jüdisch-christlichen Bibel und den heiligen Mysterien indigener Traditionen steht uns die Macht der Weisheitscodes auch heute zur Verfügung, vorausgesetzt, wir verstehen, was sie bedeuten und wie wir sie auf unsere persönlichen Lebensumstände anwenden können.

Wie dieses Buch verwendet werden sollte

Auch wenn die Prüfungen des Lebens auf den ersten Blick sehr unterschiedlich und vielfältig erscheinen, offenbart eine nähere Betrachtung der Herausforderungen, mit denen wir konfrontiert werden, doch eine subtile Beziehung zwischen unserer Erfahrung und unserer Wahrnehmung: Was wir oft als voneinander getrennte Probleme wahrnehmen, sind in Wirklichkeit unterschiedliche Ausdrucksformen desselben zugrunde liegenden Themas oder Problems. Wir halten beispielsweise Wut, Eifersucht und Kritiksucht oft für einzelne, voneinander isolierte Themen, die auch eines nach dem anderen angegangen werden müssen; doch letztendlich weisen alle auf dasselbe Kernthema hin: *ungelöste Angst*. Indem wir unsere zugrunde liegende Angst heilen (lösen), kommt darunter unser Sicherheitsbedürfnis zum Vorschein, ebenso wie die Gründe, warum unterschiedliche Ausdrucksformen derselben Angst in unserem Leben auftauchen.

Unsere Ahnen verstanden diese Beziehungen und auch die Macht des *Kaskadeneffekts* in Beziehungen – wie viele Emotionen durch das Auflösen einer einzigen Kernangst geheilt werden können. Was sie entdeckten, gaben sie als tiefe Weisheiten weiter, verschlüsselt in den heiligen Worten, welche die Zeit überdauert haben.

• •

Mit diesen Vorstellungen im Kopf habe ich eine Kerngruppe an Weisheitscodes ausgewählt, die Themen adressieren, mit denen wir uns im Leben besonders häufig auseinandersetzen müssen. Diese zeitlosen Codes sollen uns größtmögliche Stärke und tiefstmögliche Heilung zuteilwerden lassen, und zwar möglichst rasch.

Die ersten fünf Teile dieses Buches sind jeweils einem der Kernthemen gewidmet, die für uns besonders große Herausforderungen im Leben darstellen: Schutz, Angst, Verlust, Stärke und Liebe. Zusätzlich gibt es zwei Teile, deren Verständnis und Anwendung uns Kraft und Stärke verleihen. Teil 6 handelt von den Power-Codes »Ich bin« und »Ich will«, und in Teil 7 geht es um zwei Gleichnisse bzw. Parabeln, die uns zwei heilende Wahrheiten über uns selbst in Erinnerung rufen.

Anhand des folgenden Formats bzw. Aufbaus ist ein einfacher und konsistenter Zugang zu den einzelnen Teilen gewährleistet:

- Der eigentliche Weisheitscode, Power-Code bzw. die Parabel: ein direktes Zitat aus einem Text, einer Schrift oder angesehenen Lehre aus unserer Vergangenheit

- Die Verwendung des Weisheitscodes: die Erfahrung, die der betreffende Code adressieren soll

- Verweise auf die Quelle des Weisheitscodes, damit man direkt darin nachlesen bzw. für sich selbst einen umfassenderen Kontext finden kann

- Erörterung des Weisheitscodes: Kontext, Bedeutung und Anwendung in unserem Leben

Man kann dieses Buch einfach von vorne bis hinten durchlesen, wie eine durchgehende Erzählung, aber es soll auch als Leitfaden dienen, als eine Weisheitssammlung, die uns einen schnellen Überblick verschafft und aus der wir emotionale Stärke ziehen können.

Mittels der uralten Worte derjenigen, die in ihrem Leben ebenfalls Verlust, Angst, schwierige Entscheidungen und tiefe Verletzungen erfahren haben – Schwierigkeiten, mit denen wir auch heute konfrontiert sind –, sind wir mit diesen Ahnen durch den roten Faden zeitloser menschlicher Erfahrung verbunden. In solchen Momenten lösen sich die Jahrhunderte zwischen der Vergangenheit und dem Jetzt auf, und die Meisterschaft der Vergangenheit kann für uns zur Meisterschaft des jetzigen Moments werden.

Danke, dass Sie die Weisheitscodes auf den folgenden Seiten erforschen.

Gregg Braden
Santa Fe, New Mexico

DIE VERWENDUNG DER WEISHEITSCODES

Ich möchte Sie einladen, dieses Buch in Zeiten der Not aufzuschlagen, sich das Inhaltsverzeichnis anzuschauen und sich dann mit einem Teil zu beschäftigen, der Sie anspricht und der die Art Ihrer derzeitigen Herausforderungen widerspiegelt.

Die nachfolgenden Schritte beschreiben eine seit Langem bewährte Abfolge zur Anwendung der Weisheitscodes und Power-Codes im persönlichen Leben, so wie sie auch unseren Vorfahren gedient haben.

Schritt 1:

Machen Sie sich mit dem Weisheitscode, den Sie sich ausgesucht haben, vertraut: Lesen Sie seine Quelle und seinen Hintergrund nach. Mit diesem kraftvollen ersten Schritt wird für die Worte aus der Vergangenheit eine Tür geöffnet, damit sie Ihnen in der Gegenwart dienlich sein können. Das Wissen, dass uns dieselben Worte, die beispielsweise Mose vor 3000 Jahren auf seiner gefahrvollen Reise zum Berg Sinai (wo er die Zehn Gebot erhielt) geschützt haben, auch heute noch zur Verfügung stehen, ist für uns ein guter Grund, zu glauben, dass dieser Schutz, der ihm damals zuteilwurde, auch für uns verfügbar ist.

Schritt 2:

Wechseln Sie mithilfe der Quick-Coherence®-Technik Ihren Fokus. Im Folgenden werden die einfache Schritte beschrieben, wie Sie Ihren Fokus und Ihre Atmung verändern können. Damit werden im Herzen die sogenannten sensorischen Neuriten aktiviert, ein neuronales Netzwerk aus spezialisierten Zellen im Herzen, das im Körper eine Abfolge von hormonellen und elektrischen Signalen in Gang setzt und Sie auf emotionaler Ebene dafür öffnet, einen neuen Blickwinkel einzunehmen.

Unser Gewahrsein auf das Herz zu fokussieren, ist sehr wirkungsvoll, denn während das Gehirn die Welt normalerweise als sehr polarisiert wahrnimmt, also beispielsweise in die Gegensätze links/rechts, gut/böse, Erfolg/Misserfolg etc. einteilt, ist das beim Herzen nicht der Fall; es ist ein nichtpolares Organ. Nehmen wir Wortcodes aus der einheitlichen Perspektive unserer Herzintelligenz an, gewinnen wir Objektivität und betrachten unsere Herausforderung auf eine gesündere Weise.

Viele der Entdeckungen über das menschliche Herz, die zu einem Paradigmenwechsel führten, sind den Wissenschaftlern des *HeartMath Institute* zu verdanken, einer Forschungseinrichtung, die Pionierarbeit bei der Erforschung des vollen Potenzials des menschlichen Herzens leistet (siehe die englischsprachigen Webseiten *https://www.heartmath.org* bzw. *https://www.heartmath.com* oder die deutschsprachige Webseite *https://www.heartmathdeutschland.de*). Verstehen wir, wie der Körper durch Fokus und Atmung in Harmonie kommt (eine Verfassung, die als *psychophysische Kohärenz* bezeichnet wird), können wir genau diese Bedingungen schaffen, um das Potenzial der Wortcodes in unserem Leben zu optimieren.

Die dazu eingesetzte Methode wird passenderweise »Quick-Coherence®-Technik« genannt, denn sie besteht lediglich aus zwei einfachen Schritten.

Für sich genommen schicken diese Schritte Signale an den Körper, wodurch Stress abgebaut und unser Heilungspotenzial optimiert wird. Zusammen ausgeführt erzeugt die Technik im ganzen Körper eine Harmonie, die wir im Leben dann erfahren, wenn wir uns sicher und geborgen fühlen und ein Wohlgefühl verspüren.

Die Quick-Coherence®-Technik [1]

Fokussieren Sie sich zunächst auf das Herz und auf den Atem. Wechseln Sie mit Ihrer Aufmerksamkeit vom Kopf (Geist) zum Bereich des Herzens und atmen Sie ein bisschen langsamer als normalerweise, als käme Ihr Atem aus dem Herzen. Durch das langsamere Atmen schicken Sie ein Signal an Ihren Körper im Allgemeinen und Ihr Herz im Besonderen, dass Sie an einem sicheren Ort sind und es in Ordnung ist, Ihre Aufmerksamkeit nach innen zu lenken.

Dieser Schritt dient schon für sich genommen als eine sehr kraftvolle Technik, wenn Sie sich von dem, was sich im Lauf des Tages ereignet hat, überfordert fühlen oder sich einfach besser mit sich selbst verbinden möchten. Zudem bildet er die Grundlage für den nachfolgenden Schritt.

Nun aktivieren Sie ein positives Gefühl. Aus dem Herzzentrum heraus versuchen Sie aufrichtig, ein aufbauendes Gefühl zu erzeugen, beispielsweise Dankbarkeit, Wertschätzung oder Fürsorge für jemanden oder für etwas in Ihrem Leben. Bei diesem Schritt ist es entscheidend, zunächst so gut wie möglich das Gefühl zu erzeugen und sich dann dem Gefühl hinzugeben, es voll und ganz anzunehmen und es dabei vom Herzen ausströmen zu lassen, sodass es Ihren ganzen Körper erfüllt und Ihr ganzes Wesen durchdringt.

Die nachfolgenden einfachen Schritte erzeugen im Körper die Voraussetzungen für die Optimierung von Harmonie und Kohärenz zwischen Herz und Gehirn.

(Übernommen und angepasst mit Genehmigung des *HeartMath Institute*)

Schritt 3:

Lesen Sie den Weisheitscode, den Sie sich ausgesucht haben, noch einmal nach. Lesen Sie ihn in einem Zustand der Herz-Gehirn-Verbindung, die Sie in Schritt 2 hergestellt haben, entweder im Stillen oder laut ausgesprochen.

Urteilen Sie nicht über die veraltete und stellenweise umständliche Grammatik, die schlechte Satzstruktur oder unterschiedliche Übersetzungen; lassen Sie die Weisheit und die Intention der Botschaft im gegenwärtigen Moment einfach Ihr ganzes Wesen durchdringen. Fühlen Sie so gut wie möglich die Intention, als würden Sie den Code, das Gebet, die Hymne oder das Mantra direkt aus dem Herzen heraus sprechen. In alten Traditionen, zum Beispiel bei den Mönchen in Tibet, werden die Weisheitscodes meistens beim Ausatmen gesprochen.

Sprechen bzw. atmen Sie weiterhin die Zeilen des Weisheitscodes mindestens drei Minuten lang. Wie Wissenschaftler herausgefunden haben, braucht der Körper mindestens so lang, bis er auf die emotionalen Veränderungen, die durch die Wortcodes entstehen, reagieren kann.

Schritt 4:

Achten Sie darauf, wie sich Ihr Körper anfühlt. Er wird schnell auf die Veränderungen Ihres Gewahrseins und Ihrer Atmung reagieren. Zunächst sind das nur subtile Veränderungen, doch mit zunehmender Einstimmung auf diese Empfindungen sind sie immer leichter zu erkennen.

- Achten Sie auf Ihre körperlichen Empfindungen: Sind Sie besorgt oder ruhig? Nervös oder entspannt?

- Achten Sie auf Ihre Emotionen: Fühlen Sie sich ängstlich oder sicher? Haben Sie das Gefühl, etwas entgleite Ihrer Kontrolle, oder vertrauen Sie darauf, dass Sie es meistern?

Es gibt keine richtigen und falschen Erfahrungen. Wesentlich ist, dass Sie einen Unterschied bemerken, seit Sie mit dem Wortcode-Prozess begonnen haben.

Sie können diesen Prozess mehrmals am Tag praktizieren, auch als Erstes am Morgen sowie abends vor dem Schlafengehen. Wie bei allen Fertigkeiten wird das Erzeugen von Herz-Gehirn-Kohärenz mit zunehmender Übung immer einfacher. Und je müheloser es ist, desto natürlicher fühlt es sich an; dann werden Sie die Herz-Gehirn-Verbindung länger beibehalten können.

Wissenschaftliche Studien beschreiben Kohärenz und ihre Wirkungsweise; doch unsere Ahnen brauchten keine wissenschaftlichen Erklärungen, um von der Harmonie zu profitieren, die ihnen diese Kohärenz im Leben schenkte. Wie sie herausfanden, halfen ihnen in Notzeiten die Techniken zur Regulierung der Atmung und zur Fokussierung auf das Herz, die Extremsituationen des Daseins zu überleben.[2]

DIE WORTE SIND DIE CODES

**Wörter können im Geist der Menschen
Feuer entzünden.
Wörter können selbst härteste Herzen
zu Tränen rühren.**

Patrick Rothfuss, Schriftsteller[1]

Wie es heißt, versteckt man etwas Wertvolles am besten vor aller Augen. Die alten Pyramiden, die im Tempelkomplex von Sakkara in Ägypten entdeckt wurden, zeigen das z.B. wunderbar auf. Das riesengroße Labyrinth aus Kammern birgt ein Geheimnis, das seit über 4000 Jahren für alle, die Zugang zu diesem Untergrundkomplex hatten, offen zu sehen war. Die Gänge unterhalb der Unas-Pyramide der Fünften Dynastie sind vom Boden bis zur Decke mit Hieroglyphen bedeckt, die eine erstaunliche Botschaft enthüllen.

Eine Landkarte in die nächste Welt

An den Wänden befinden sich eingeritzte Inschriften mit Anweisungen dahingehend, wie die menschliche Seele aus dem physischen Körper in die nächste Welt des Lebens nach dem Tod reist. Doch die ungewöhnlich gut erhaltenen Inschriften bieten mehr als nur eine Anleitung für diese Reise. Es geht nicht nur um die Alchemie des eigentlichen Übergangs, sondern darüber hinaus auch um unzählige Emotionen wie Sorge, Zweifel, Angst und Furcht, die mit einer solchen Reise unweigerlich einhergehen.

Nach einem ganz normalen menschlichen Leben voller komplexer und enger Beziehungen, schwieriger Entscheidungen und den Herausforderungen des Überlebens hinterfragt die Seele zum Zeitpunkt des Todes automatisch ihre Entscheidungen im Lauf dieses Lebens. Und genau diese persönliche Lebensbewertung kann die Seele daran zweifeln lassen, ob sie wirklich würdig ist, in die nächste Welt einzutreten.

Es gab ja nichts Physisches, was der Seele von König Unas im Übergang Trost und Beruhigung schenken konnte; deshalb führten die alten Schreiber, die diese Botschaften an die Wand schrieben, ein Ersatzprinzip an, das Eingeweihten aller religiöser Sekten im damaligen Ägypten gut bekannt war. Der Schlüssel für die Unterstützung der Seele auf ihrer Reise zum Zeitpunkt des Todes bestand darin, ein starkes Umdenken auszulösen, und zwar *vor* dem Tod. Durch dieses Umdenken wurde der physische Prozess in Gang gesetzt, der dafür sorgte, dass sich die Seele erfolgreich auf ihre Reise ins Jenseits machen konnte.

Der Erfolg dieser Initiation vor dem Tod hing von den Texten in den Grabkammern ab; es waren dieselben Texte, mit denen sich die Seele – in diesem Fall von König Unas – bereits vor seinem Tod vertraut gemacht hatte. Und das heißt, zum Zeitpunkt seines Todes *dachte* der König bereits an seine Reise ins Jenseits. Er war auf emotionaler Ebene bereits auf den energetischen Wechsel *vorbereitet,* der mit dem bevorstehenden Übergang einherging. Sein Gehirn war bereits so vernetzt, dass es die neue Erfahrung unterstützen konnte. Die Hieroglyphen an den Tempelwänden stellten den Katalysator für das Umdenken dar, das König Unas bereits übernommen hatte. Die Hieroglyphen (die bildhaften Wörter) waren die Codes, die diesen Wandel auslösten.

Das Geheimnis aus dem Himalaja

Auf der tibetischen Hochebene ist jeden Tag Sommer und Winter: Sommer wegen der intensiven und direkten Sonneneinstrahlung in dieser Höhe; Winter, sobald die Sonne hinter den zerklüfteten Gipfeln des Himalaja untergeht.

Ich hatte 40 Personen zu einer gemeinsamen Reise eingeladen, die uns hierher geführt hatte, halb um den Erdball an einen der entlegensten, isoliertesten, herrlichsten und heiligsten Orte des Wissens, die heute noch existieren: ein uraltes tibetisches Kloster. Vierzehn Tage lang akklimatisierten wir unseren Körper an eine Höhe von fast 4900 Meter über dem Meeresspiegel.

Wir hatten einen eisigen Fluss in handgefertigten Kähnen überquert und waren stundenlang gefahren; wir schauten uns über den Rand der Atemschutzmasken an, die uns vor der Staubwolke schützten, welche durch den Boden unseres uralten chinesischen Busses drang. Wir hielten uns an den Sitzen und aneinander fest, als wir die weggeschwemmten Brücken und die weglose Wüste durchquerten, um an diesen Ort zu gelangen.

Doch die Schönheit unseres Zielorts war all die vielen Stöße und den ganzen Staub wert. Wären die Klöster einfach zu erreichen, hätten Tausende von Menschen diese Reise durch die Zeit unternommen; dann wären diese zeitlosen Schreine wahrscheinlich dem »Fortschritt« zum Opfer gefallen.

An diesem Tag saß ich mit meiner Gruppe auf dem kalten Steinboden einer fensterlosen Kapelle und wartete auf unser erstes Treffen mit den hochrangigen Ältesten dieses uralten Tempels.

Die Worte sind die Codes

Ich konzentrierte mich auf die Augen des schönen, alterslosen Mannes in der kastanienbraunen Robe, der im Lotussitz vor mir saß. Er war der Abt des Klosters. Über unseren Dolmetscher stellte ich ihm dieselbe Frage, die ich jedem Mönch und jeder Nonne gestellt hatte, denen wir auf unserer Pilgerreise begegnet waren: »Wenn wir eure Gebete sehen, was *macht* ihr dann in eurem Körper? Wenn wir sehen, wie ihr tönt und vierzehn bis sechzehn Stunden am Tag nach außen hin Mantras chantet, was geschieht dann bei euch innerlich?« Während der Dolmetscher die Antwort des Abts übersetzte, durchlief meinen Körper eine starke Empfindung – ich wusste nun, dass wir genau deswegen hierhergekommen waren.

»Ihr habt unsere Gebete nie gesehen«, antwortete er, »denn ein Gebet kann man nicht sehen.« Der Abt richtete die schwere Wollrobe unter seinen Füßen und fuhr fort: »Was ihr gesehen habt, ist das, was wir tun, um das Gefühl im Körper zu erzeugen. *Das Gefühl ist das Gebet, und die Worte erzeugen das Gefühl!*«

Das *Gefühl* ist das Gebet, und die Worte erzeugen das Gefühl!

Die Weisheitscodes

Die Klarheit der Antwort des Abts spiegelte die Entdeckungen wider, die in aktuellen Wissenschaftsjournalen zu lesen waren. Er gab mir zu verstehen, dass die *Worte* der alten Gesänge wie Katalysatoren sind, um die *Gefühle* hervorzurufen, die den Körper der die Worte darbietenden Person verändern. Die Worte sind die Codes.

In seiner Botschaft hallten die Vorstellungen wider, welche vor über 2000 Jahren in den alten Schriften der gnostischen christlichen Traditionen des Westens aufgezeichnet wurden.

In den frühen Übersetzungen des Evangeliums nach Johannes (Kapitel 16, Vers 24) wird uns beispielsweise gesagt, wir sollten unseren Gebeten mit Worten Kraft verleihen – mit Worten, die uns einladen, von dem Gefühl *eingehüllt* zu sein, dass unsere Gebete bereits erhört wurden: *»Bitte ohne verborgene Motive, und du wirst umringt sein von der Antwort – eingehüllt von dem, was du dir wünschst –, auf dass dein Glück vollständig sei, auf dass die Freude über das Erreichte sich fortsetzen möge bis zur Vollendung in Einheit …«*[2]

[In der 2016 erschienenen Ausgabe der Einheitsübersetzung der Bibel, auf die wir uns – sofern nicht anders angegeben – in der deutschen Ausgabe von »Die Weisheitscodes« beziehen, heißt es schlicht: *»Bis jetzt habt ihr noch um nichts in meinem Namen gebeten. Bittet und ihr werdet empfangen, damit eure Freude vollkommen ist.«*[3]]

Die *Worte* entfachen also die Emotion, welche unsere Gebete und Bitten mit Kraft erfüllt und einen Kaskadeneffekt nach sich zieht. Nehmen wir das voll und ganz an, was unsere gesprochenen Worte auf tiefstmöglicher Gewahrseinsebene bedeuten, lösen sie die neurologischen und biologischen Reaktionen aus, welche die Intention der Codes widerspiegeln.

Der Schriftgelehrte Thomas, Namensgeber des verlorenen Thomasevangeliums, beschreibt klar und deutlich die potenzielle Macht, wenn eine solche biologische Kettenreaktion katalysiert wird. Wenn wir das tun, so sagt er, könnten wir zu einem Berg sagen: *»Berg, hebe dich weg«*, dann werde er sich wegheben.[4]

Wenn die Weisheit in alten Zeiten so viel Macht hatte und über sehr lange Zeit immer wieder funktioniert hat, dann muss sie auch für uns heute noch von Nutzen sein! Der tibetische Abt und das gnostische Evangelium beschrieben dasselbe Prinzip.

Vor über 5000 Jahren erkannten unsere ältesten und angesehensten spirituellen Traditionen die Beziehung zwischen den Worten bzw. Wörtern, die wir verwenden, und der Funktionsweise unseres Gehirns. Sie verließen sich auf bestimmte Wortmuster, die sie aufsagten – Gebete, Mantras, Hymnen und Gesänge –, um sich davon Inspiration, Sicherheit, Trost und Heilung spenden zu lassen, wenn sie mit den unvermeidlichen Herausforderungen des alltäglichen Lebens konfrontiert waren. Und auch wenn die indigenen Völker nach heutigem Maßstab keine Wissenschaftler waren, verstanden sie doch die Wirkung der Wortcodes voll und ganz.

Die Zeiten haben sich zwar geändert, aber wir reagieren auf die Prüfungen in unserem Leben nicht so viel anders als sie. Verlieren wir einen geliebten Menschen, sind auch wir erschüttert. Und ebenso erbitten wir Schutz, wenn wir Angst haben. Auch wir suchen nach Rat, wenn wir schwierige Entscheidungen treffen müssen. Und wie unsere Ahnen können wir nach wie vor von den Weisheitscodes profitieren, die sie vor so langer Zeit entdeckt haben.

TEIL 1 Schutz

Ich weiß nicht, ob mir
der Zustand der Welt Angst bereitet.
Ich glaube, mir macht eher
der Zustand meiner Einstellung
hinsichtlich des Zustands der Welt Angst.

Craig D. Lounsbrough,
Therapeut und Life-Coach[1]

Allen Menschen sind bestimmte Ängste gemein und das Gefühl, wir bräuchten manchmal Zuflucht und Schutz. Zuweilen müssen wir uns vor sichtbaren Kräften wie einer offensichtlichen physischen Bedrohung schützen.

Wollen wir uns zum Beispiel vor einem verärgerten Kollegen schützen, unternehmen wir die erforderlichen Schritte, um dem auf uns gerichteten Ärger aus dem Weg zu gehen oder ihn aufzulösen. Diese Art von Schutz ist am leichtesten zu erkennen und zu begründen, und diese Kräfte können am einfachsten behoben werden.

Doch immer wieder müssen wir uns auch vor Kräften schützen, die nicht ganz so offensichtlich sind, weil wir sie nicht sehen können. Für unsichtbare Kräfte Abhilfe zu schaffen, kann schwieriger sein. Solchen Kräften wirkten unsere Ahnen mit Weisheitscodes entgegen, die unseren Blickwinkel verändern, wodurch sich wiederum unsere Körperchemie wandelt. Das soll uns beschützen, wenn wir persönlichen Schutz benötigen.

Die folgenden Schutz-Weisheitscodes entstammen traditionellen Gebeten der christlichen, buddhistischen und vedischen Tradition.

Weisheitscode 1

PSALM 91

Wer unter dem Schirm des Höchsten sitzt
und unter dem Schatten des Allmächtigen bleibt,
der spricht zu dem Herrn:
Meine Zuversicht und meine Burg,
mein Gott, auf den ich hoffe.[1]

Einsatz:
Schutz. Dieser Code wurde vom Propheten Mose kreiert, als er auf den Berg Sinai stieg, um sich beim Aufstieg vor unbekannten Kräften zu schützen; er hat sich zu einem Schutzstandard entwickelt und wird für alle möglichen Szenarien eingesetzt: von alltäglichen Herausforderungen bis hin zur Sicherung ganzer Armeen, die sich auf den Kampf vorbereiten.

Quelle:
Lutherbibel 2017, Psalm 91,1–2

Das Buch der Psalmen ist unter den 39 Büchern des Alten Testaments der protestantischen Bibel einzigartig. Die den Psalmen vorhergehenden 18 Bücher und die 20 nachfolgenden Bücher enthalten hauptsächlich *von Gott den Menschen auf der Erde* gegebene Informationen, Anweisungen und Befehle. Hier unterscheidet sich das Buch der Psalmen, wo es genau umgekehrt ist.

In den Psalmen sind nicht *von* Gott empfangene göttliche Offenbarungen aufgezeichnet; vielmehr sind die rund 2460 Verse im Buch der Psalmen Hymnen – Lieder zu Ehren und zur Anbetung Gottes, die *an* Gott gerichtet sind und ihm dargebracht werden. Mit anderen Worten: Die Psalmen sind gebrauchsfertige Gebete für Situationen, von allgemeinen alltäglichen Herausforderungen bis hin zu speziellen Gebeten für Familien und Gemeinschaften in Zeiten der Not.

Psalm 91, auch als »Gebet Moses«, »Schutzgebet« oder »Soldatengebet« bezeichnet, ist ein besonders kraftvolles Beispiel.

Anmerkung: Aufgrund unterschiedlicher Übersetzungen und Nummerierung der Psalmen entspricht Psalm 91 der King-James-Bibel (englischsprachige Version) bzw. der Einheitsübersetzung und auch der Lutherbibel (deutschsprachige Versionen) dem Psalm 90 in der viel älteren griechischen Bibelversion, der Septuaginta, die ungefähr 1700 Jahre älter ist.

Psalm 91

Das althebräische Buch Sohar, der Grundtext der mystischen Kabbala, beschreibt, wie Psalm 91 den Propheten Mose beschützte, als er das zweite Mal auf den Gipfel des Berges Sinai stieg, wo er die Zehn Gebote empfing. Im Buch Sohar steht geschrieben, wie Mose bei seinem Aufstieg von einer geheimnisvollen Wolke unbekannter Herkunft und unbekannter Art eingehüllt wurde, die so dicht wurde, dass er nichts mehr vor sich sehen konnte und auch nicht mehr von denjenigen gesehen werden konnte, die ihn von unterhalb der Wolke aus beobachteten. Mose wusste nicht, was da geschah, was die Wolke bedeutete oder was er zu erwarten hatte; er wusste nicht, ob er jemals wieder mit seiner Familie, seinen Freunden und Gefolgsleuten zusammenkommen würde.

In dieser Zeit der Verunsicherung und Angst komponierte und rezitierte Mose Psalm 91 zu seinem Schutz. Und tatsächlich wurde er beschützt, aus Gründen, die er der Macht dieses Gebetes zuschrieb. Er stieg immer weiter empor, bis er schließlich den Gipfel des Berges Sinai erreichte; dort empfing er die Steintafeln mit den schriftlichen Anweisungen, die für Anhänger des jüdischen und des christlichen Glaubens seit über 3000 Jahren die wichtigsten Gebote darstellen.

Das ursprüngliche Gebet Moses bestand insgesamt aus 16 Versen, wird aber oft zur einfacheren Verwendung auch bei knapp bemessener Zeit in abgekürzter Form aufgeführt, nämlich nur die ersten beiden Verse:

Wer unter dem Schirm des Höchsten sitzt und unter dem Schatten des Allmächtigen bleibt, der spricht zu dem Herrn: Meine Zuversicht und meine Burg, mein Gott, auf den ich hoffe.

Oder nach der Einheitsübersetzung von 2016:

Wer im Schutz des Höchsten wohnt, der ruht im Schatten des Allmächtigen.
Ich sage zum Herrn: Du meine Zuflucht und meine Burg, mein Gott, auf den ich vertraue.

Wie ein näherer Blick auf dieses Gebet zeigt, liegt die Quelle des dadurch gewährten Schutzes auf tieferen Bedeutungsebenen, die all jenen, die den Code verstehen, bekannt sein dürften.

Die verschlüsselten Namen Gottes

Über das geheimnisvolle Schutzgebet Moses wurden ganze Bücher geschrieben; nachfolgend geht es vor allem um die verschlüsselten Namen für Gott, die im Gebet immer wieder auftauchen, und den Schutz, den sie uns gewähren. Zunächst der Name *»der Höchste«*.

Verschlüsselter Name 1: *der Höchste*

Der erste verschlüsselte Name Gottes lautet *»der Höchste«*. Im biblischen Hebräisch wird das meist aus dem Aramäischen (der Ursprache der Heiligen Schrift) als *El Elyon* übersetzt, das bedeutet »Gott der Höchste«, ein Verweis darauf, dass nichts größer oder mächtiger sein kann als die Essenz der Kraft, für die dieser Name steht. Dieser Wortcode wird schon im Alten Testament (Genesis 14,19–20) verwendet: »Gesegnet sei Abram vom Höchsten Gott, dem Schöpfer des Himmels und der Erde, und gepriesen sei der Höchste Gott, der deine Feinde an dich ausgeliefert hat.«[2]

Verschlüsselter Name 2: *der Allmächtige*

Der zweite der verborgenen Namen Gottes lautet *»der Allmächtige«*; er wird von Schriftgelehrten des Nahen Ostens meist aus dem Aramäischen als *Shaddai* (das heißt »der Allmächtige«) oder *El Shaddai* (»Gott der Allmächtige«) übersetzt. Das ist einer der Namen Gottes, die – anstelle von Gottes wahrem Namen – als Ersatznamen an rund 6800 Stellen in der hebräischen Bibel genannt werden. Andere Namen lauten z.B. *Ehyeh* (»Ich werde sein«), *(Herr) Zebaoth* [»(Herr der) Heerscharen«], *Elohim* (»Götter« bzw. »Mächtiger, Starker«), *El* (Kurzform von *Elohim*) und *Adonai* (»Herr, Gebieter«).

Verschlüsselter Name 3: *der Herr*

Der dritte der hier genannten verschlüsselten Namen Gottes ist wohl der direkteste, geheimnisvollste und mächtigste; es ist der persönliche Name Gottes: *JHWH/Jahwe*. Nachdem sich Gott dem Mose auf dem Berg Sinai als der »Ich bin« offenbart hatte, bat Mose um Klärung dahingehend, wie er Gott in Gottes Gegenwart anreden solle. In seiner Antwort enthüllte Gott den Menschen auf der Erde das einzige Mal seinen persönlichen Namen. In Exodus 6,2–3 sagte Gott zu Mose klar und deutlich: »Ich bin Jahwe.« [Siehe auch Power-Code 2.]

In den frühesten Aufzeichnungen der hebräischen Bibel, noch vor dem maßgeblichen masoretischen Text des 6. Jahrhunderts, wird der Name Gottes eindeutig als »Jahwe« genannt. Die orthodoxe jüdische Tradition hält diesen Namen für so heilig, dass er niemals als gemeines Wort geschrieben oder gesprochen werden soll. Deshalb wurde der persönliche Name Gottes in der hebräischen Bibel so oft durch andere Namen ersetzt.

Verschlüsselter Name 4: *Gott*

Der vierte verschlüsselte Name, *»Gott«*, ist eine Übersetzung des hebräischen Wortes *Elohim;* er wird im Alten Testament am häufigsten als Bezeichnung für Gott verwendet. Nach wie vor ist man sich uneins über die Übersetzung dieses geheimnisvollen Wortes, meistens wird es jedoch mit Gott dem Schöpfer assoziiert.

Erste Einblicke in die Natur dieses geheimnisvollen Wortes finden sich in Genesis 1,1; der erste Satz lautet: »Im Anfang erschuf Gott Himmel und Erde.« Hier wird Gott im Singular als Schöpfer bezeichnet. In Genesis 1,27 wird seine Schöpferkraft mit einem tieferen Sinn beschrieben; die Stelle beginnt mit folgenden Worten: »Gott erschuf den Menschen als sein Bild, als Bild Gottes erschuf er ihn.« Das ist ein Hinweis darauf, dass sich in der Menschheit eine singuläre Essenz widerspiegelt. Doch im zweiten Teil desselben Satzes wird dieser Urakt der Schöpfung weiter ausgeführt: »Männlich und weiblich erschuf er *sie*« – ein Verweis auf etwas Duales und nicht Singuläres (kursive Hervorhebung von mir). So wird uns die allumfassende Macht des Schöpfers – Singular und Plural – gezeigt.

Das Soldatengebet

Psalm 91 war nicht nur von Anfang an eine Quelle persönlichen Schutzes; er wurde auch als Gebet zum Schutz ganzer Armeen in Vorbereitung auf den Kampf verwendet. Im Ersten Weltkrieg wurde Militäreinheiten oft aufgetragen, sich das Soldatengebet in der Nacht vor dem Kampf einzuprägen. So war das Gebet Moses in den Herzen und Köpfen der Soldaten präsent und bereitete sie für den Nahkampf auf den Schlachtfeldern Europas vor.

Wie bereits erwähnt, werden die ersten beiden Verse oft als kurzes Schutzgebet rezitiert, aber auch das gesamte Gebet kann verwendet werden und wird auch oft benutzt. Nachfolgend steht die komplette Version von Psalm 91 nach der Lutherbibel 2017; achten Sie auch auf die verschiedenen Namen Gottes in den einzelnen Zeilen.

Wer unter dem Schirm des Höchsten sitzt und unter dem Schatten des Allmächtigen bleibt,

der spricht zu dem HERRN: Meine Zuversicht und meine Burg, mein Gott, auf den ich hoffe.

Denn er errettet dich vom Strick des Jägers und von der verderblichen Pest.

Er wird dich mit seinen Fittichen decken, und Zuflucht wirst du haben unter seinen Flügeln. Seine Wahrheit ist Schirm und Schild,

dass du nicht erschrecken musst vor dem Grauen der Nacht, vor dem Pfeil, der des Tages fliegt,

vor der Pest, die im Finstern schleicht, vor der Seuche, die am Mittag Verderben bringt.

Wenn auch tausend fallen zu deiner Seite und zehntausend zu deiner Rechten, so wird es doch dich nicht treffen.

Ja, du wirst es mit eigenen Augen sehen und schauen, wie den Frevlern vergolten wird.

Denn der HERR ist deine Zuversicht, der Höchste ist deine Zuflucht.

Es wird dir kein Übel begegnen, und keine Plage wird sich deinem Hause nahen.

Denn er hat seinen Engeln befohlen, dass sie dich behüten auf allen deinen Wegen,

dass sie dich auf den Händen tragen und du deinen Fuß nicht an einen Stein stoßest.

Über Löwen und Ottern wirst du gehen und junge Löwen und Drachen niedertreten.

»Er liebt mich, darum will ich ihn erretten; er kennt meinen Namen, darum will ich ihn schützen.

Er ruft mich an, darum will ich ihn erhören; ich bin bei ihm in der Not, ich will ihn herausreißen und zu Ehren bringen.

Ich will ihn sättigen mit langem Leben und will ihm zeigen mein Heil.«

Verwendung von Weisheitscode 1

Die Kraft der Weisheitscodes entfaltet sich, wenn sie immer wieder als Affirmation aufgesagt werden. Dadurch wird dem Unterbewusstsein ein Code eingeprägt. Erzeugen wir Herz-Gehirn-Harmonie, wie im Kapitel »Die Verwendung der Weisheitscodes« beschrieben (siehe Seite 21 ff.), haben wir sozusagen einen »heißen Draht« und können direkt mit dem Unterbewusstsein kommunizieren.

Rezitieren Sie den Code Zeile für Zeile aus einem Zustand der Herz-Gehirn-Harmonie heraus, entweder still im Geiste oder laut, bis Ihr Vertrauen gewachsen ist und Sie die Sicherheit spüren, dass Sie nicht allein sind. Der Schlüssel liegt darin, diesen Code mit Fokus auf Gewahrsein, Atmung und Gefühl aus dem Herzen heraus – nicht allein mit dem Kopf – anzunehmen.

Wer unter dem Schirm des Höchsten sitzt
und unter dem Schatten des Allmächtigen bleibt,
der spricht zu dem HERRN:
Meine Zuversicht und meine Burg,
mein Gott, auf den ich hoffe.

NOTIZEN

Weisheitscode 2

BUDDHISTISCHES ZUFLUCHTSGEBET

Ich nehme Zuflucht
zu Buddha, Dharma und Sangha,
bis ich Erleuchtung erlangt habe.

Einsatz:
Schutz. Dieser Code wird verwendet, wenn man auf spiritueller Ebene für eine bestimmte Zeit persönlichen Schutz benötigt.

Quelle:
Verkürzte Form des traditionellen tibetisch-buddhistischen Zufluchtsgebets.[1]

Es ist nicht ganz sicher, woher das buddhistische Zufluchtsgebet stammt. Oft wird der große Yogi Atisha (Atisha Dipamkara Srijnana) als Verfasser angegeben, aber es ist nach wie vor strittig, ob er das Gebet persönlich verfasst hat oder ob er bei der Verbreitung dieser Unterweisungen so maßgeblich beteiligt war, dass es ihm zugeschrieben wird. Als Meisterlehrer der buddhistischen Traditionen ordnete Atisha Buddhas 84.000 Lehren und stellte sie in einem einzigen, wegweisenden Text zusammen, der heute noch Verwendung findet. In seinem klassischen Text *Die Lampe auf dem Pfad zur Erleuchtung* (engl. *Atisha's Lamp for the Path to Enlightenment,* kommentiert von Geshe Sonam Rinchen, ins Englische übersetzt von Ruth Sonam) beschreibt Atisha die Praktiken, zu denen auch das buddhistische Zufluchtsgebet gehört.

Der Weisheitscode 2 ist unter anderem unter folgenden Namen bekannt: »Zufluchtsgebet«, »Anweisung zur Zuflucht«, »Atishas Zufluchtsgebet« und – geläufiger – das »Gebet der Drei Juwelen«. In der tibetischen Tradition wird das Gebet als *kyamdro* bezeichnet und als Anweisung verstanden, in den drei Grundelementen oder Juwelen des Buddhismus Zuflucht zu nehmen: dem Buddha (den Lehren des Erleuchteten, der den Pfad entdeckte), dem Dharma (der ewigen Wahrheit der Realität) und dem Sangha (der Gemeinschaft anderer Buddhisten – traditionellerweise Nonnen, Mönche und Bittsteller), wie weiter unten beschrieben.

Anatomie des tibetisch-buddhistischen Schutzes

Die chemischen Codes des menschlichen Lebens, unsere DNA-Stränge, werden meistens vereinfacht mit Buchstaben dargestellt – C, T, A, G –, sozusagen Kürzel für die vier Nukleinbasen, die Grundbestandteile von Aminosäuren, welche Proteine bilden, die das Leben überhaupt erst möglich machen: Cytosin, Thymin, Adenin und Guanin. Manche Proteine bestehen aus Hunderten von Aminosäuren. Durch verschiedene Buchstabenkombinationen können selbst hochkomplexe Proteine gelesen, aufgeschrieben und beschrieben werden. Das buddhistische Zufluchtsgebet wirkt auf ganz ähnliche Weise.

Das eigentliche Gebet enthält viele Tiefen- und Bedeutungsschichten, doch seine Essenz wird in nur drei kurzen Versen dargestellt. Und so wie die einfachen Buchstaben C, T, A und G für eine tiefere Bedeutung der DNA-Codes stehen, steht jeder Vers des Weisheitscodes für ein tieferes Verständnis unserer selbst und unserer Lebenserfahrungen. Die nachfolgende kurze Anatomie des Gebets beschreibt die Bedeutung von Zuflucht an sich sowie von vier zugrunde liegenden Prinzipien, die uns unterschiedliche Grade von Zuflucht im Leben schenken.

Bei der längeren Fassung des Zufluchtsgebetes schließt sich an den genannten Code der folgende Wunsch an:

Durch das Verdienst, das ich durch das Üben des Gebens
und die anderen Vollkommenheiten schaffe,
kann [möge] ich die Buddhaschaft
zum Wohle aller Lebewesen erlangen.[2]

Die Bedeutung von *Zuflucht*

Die traditionellen buddhistischen Texte beschreiben verschiedene Arten und unterschiedliche Grade von Zuflucht, die wir im Lauf unseres Lebens womöglich suchen. Mit Bezug auf den Weisheitscode 2 bedeutet das Wort »Zuflucht« zunächst Zuflucht vor Leid durch Umdenken und einen anderen Lebenswandel auf eine Weise, welche die Lehren Buddhas widerspiegelt. Diese Art von Zuflucht wird in Form von drei »Objekten« bzw. Prinzipien beschrieben: dem Buddha, dem Dharma und dem Sangha, der »Höchsten Gemeinschaft«. Es folgt eine kurze Beschreibung der drei Prinzipien und ihrer Bedeutung in unserem Leben.

Prinzip 1: *Zuflucht im Buddha*

Das erste Zufluchtsobjekt ist der Pfad des Buddha bzw. der Buddhismus. »Zuflucht im Buddha nehmen« bedeutet, sich auf einen Weg bewussten Denkens und achtsamen Handelns zu begeben, der zu einem höheren Gewahrsein unserer selbst sowie unserer Beziehung zur Welt führen soll. Wer sich auf diesen Weg begibt, muss sich auf eine tiefere Beziehung zwischen uns und der Erleuchtung einlassen, die, wie Buddha sagt, in unserem Leben möglich ist.

Prinzip 2: *Zuflucht im Dharma*

Das zweite Zufluchtsobjekt ist das Dharma. Im Kontext von Buddhas Zufluchtsgebet findet sich diese Zuflucht in den buddhistischen Schriften, welche die unruhigen und angstbesetzten Emotionen des Geistes in Harmonie bringen. Wechseln wir mit unserer Aufmerksamkeit von den chaotischen Angelegenheiten der Welt zur Harmonie, die sich in der Natur und im menschlichen Körper widerspiegelt, werden wir von Angst und Leiden befreit.

Prinzip 3: *Zuflucht im Sangha*

Das Sangha ist das dritte Zufluchtsobjekt; es bezieht sich darauf, Zeit in Gesellschaft von *Bodhisattvas* zu verbringen, Wesen, die ein höheres Bewusstsein erlangt haben, mitfühlenden Wesen, die zwar bereits erleuchtet sind, aber sich dennoch entscheiden, im unerleuchteten Reich des alltäglichen Lebens auf der Erde zu bleiben, um das Leiden derjenigen zu lindern, die diesen Zustand der Erleuchtung noch nicht erlangt haben.

Prinzip 4: *Bitten um unbegrenzte Dauer*

Dann gibt es noch ein viertes Prinzip, das diesen Code abschließt: den letzten Teil des Rezitativs, in dem die Dauer der Zuflucht genannt wird, nach der die Person, die den Code anwendet, strebt. Dieser Parameter lautet ganz einfach: *»Bis ich Erleuchtung erlangt habe.«* Die Mahayana-Tradition des Buddhismus beschreibt diesen Zustand der Erleuchtung in klaren Worten: Es ist die erfolgreiche Verwirklichung des Bodhisattva-Bewusstseins. Wörtlich genommen sagt uns der Schluss des Weisheitscodes 2, dass die Zuflucht und der Schutz, die wir erbitten, so lange aufrechterhalten werden sollen, bis wir die Erleuchtung erlangt haben und zu einem Bodhisattva geworden sind. Der Schwur, der diese vier Prinzipien zusammenführt, ist die Quelle, aus der die Kraft dieses Codes entspringt.

In *Sanskrit,* der Ursprache des Codes, beginnt jedes Fragment des Weisheitscodes mit dem Wort *»namo«*, was »Huldigung« oder »Ehrerbietung« bedeutet. Der Code geht so:

Namo Buddhaya;
Namo Dharmaya;
Namo Sanghaya.

Auf Englisch lautet dieser zeitlose Weisheitscode:

In the Buddha, the Dharma, and the Sangha,
I take refuge until I attain enlightenment.[3]

Verwendung von Weisheitscode 2

Die Kraft der Weisheitscodes entfaltet sich, wenn sie immer wieder als Affirmation aufgesagt werden. Dadurch wird dem Unterbewusstsein ein Code eingeprägt. Erzeugen wir Herz-Gehirn-Harmonie, wie im Kapitel »Die Verwendung der Weisheitscodes« beschrieben (siehe Seite 21 ff.), haben wir sozusagen einen »heißen Draht« und können direkt mit dem Unterbewusstsein kommunizieren.

Rezitieren Sie die Sprachversion des Codes, zu der Sie sich am meisten hingezogen fühlen, Zeile für Zeile aus einem Zustand der Herz-Gehirn-Harmonie heraus, entweder still im Geiste oder laut, bis Ihr Vertrauen gewachsen ist und Sie die Sicherheit spüren, dass Sie nicht allein sind. Der Schlüssel liegt darin, diesen Code mit

Fokus auf Gewahrsein, Atmung und Gefühl aus dem Herzen heraus – nicht allein mit dem Kopf – anzunehmen.

Ich nehme Zuflucht
zu Buddha, Dharma und Sangha,
bis ich Erleuchtung erlangt habe.

Weisheitscode 3

DAS VATERUNSER

**Vater unser im Himmel,
dein Name werde geheiligt.
Dein Reich komme.
Dein Wille geschehe
wie im Himmel so auf Erden.**

Einsatz:
Bei diesem Code geht es um den persönlichen Schutz auf physischer wie auch auf spiritueller Ebene.

Quelle:
Dieser Teil des Vaterunsers stammt aus einem uralten Evangelium und wurde aus dem Aramäischen, einem syrischen Dialekt, übersetzt. Es ist eine verkürzte, für sich stehende Version des längeren Originalgebets aus Matthäus 6,9–13, das in einer kürzeren Fassung auch in Lukas 11,2–4 zu finden ist.

Das Vaterunser ist zweifellos der bekannteste und am meisten verwendete alte Wortcode der christlichen Tradition. Doch trotz seiner Bekanntheit ist in Gelehrtenkreisen strittig, 1. woher die Worte dieses Gebets stammen und 2. wie viel Freiheit man sich im Lauf der Jahrhunderte bei den verschiedenen Übersetzungen eingeräumt hat.

Die geheimnisvolle Quelle des Vaterunsers: das verlorene Q-Evangelium (Logienquelle Q)[1]

Bibelwissenschaftler vermuten, dass das Vaterunser aus einer von zwei möglichen Stellen im Neuen Testament stammt. Das längere Gebet steht im Matthäusevangelium (Kapitel 6, Verse 9–13) und ist Teil von Jesu historischer Bergpredigt. Eine kürzere Form des Gebets stammt aus einer anderen Unterweisung, die Jesus seinen Jüngern gab, nicht der Bergpredigt. Sie wird im Lukasevangelium (Kapitel 11, Verse 2–4) beschrieben.

Der Ursprung des Vaterunsers ist strittig, weil es *nicht* in einer der als am vertrauenswürdigsten eingestuften Aufzeichnungen historischer Ereignisse zur Zeit Jesu zu finden ist, dem Markusevangelium. Da stellt sich die Frage, warum es in den Evangelien von Matthäus und Lukas steht, aber nicht bei Markus. Eine Antwort darauf zeichnete sich mit der Entdeckung eines verborgenen, doch hoch verehrten Evangeliums ab, das erst Ende des 20. Jahrhunderts gefunden wurde: das verlorene Evangelium der »Quelle«, wie es allgemein auch in anderen Sprachen bezeichnet wird, abgekürzt das »Q-Evangelium« oder einfach nur »Q«. Im Deutschen findet sich auch die Bezeichnung »Logienquelle Q«.

Das Q-Evangelium trat nicht plötzlich zutage wie das »verlorene« Thomasevangelium, das in der Nähe des ägyptischen Dorfes Nag Hammadi im Jahr 1945 unversehrt und versiegelt in zwei Krügen gefunden wurde, und auch nicht wie die Schriftrollen vom Toten Meer, die zwischen Ende der 1940er- und Anfang der 1950er-Jahre unbeschädigt in den Qumran-Höhlen in der judäischen Wüste entdeckt wurden. Das Q-Evangelium ist heutzutage nicht einmal ein einzelner zusammenhängender Text, sondern tauchte vielmehr über einen längeren Zeitraum *aus den Abschnitten und Seiten bereits bekannter Texte* auf. Nur die akribische Erforschung und der Vergleich verschiedener Übersetzungen diverser Evangelien führte schließlich dazu, dass es im 20. Jahrhundert von Bibelforschern als Q-Evangelium erkannt und anerkannt wurde.

Ich gehe an dieser Stelle auf das Q-Evangelium ein, weil es den Schlüssel zur schützenden Kraft von Weisheitscode 3 enthält. Die Version des Vaterunsers im Q-Evangelium stellt die älteste Version dar, und sie birgt nach Meinung der Forscher die ursprünglichen Worte Jesu an seine Jünger.[2]

Jesu ursprüngliche Worte

Das Aramäische, die traditionelle Sprache, die in der Gegend um Nazareth und Kapernaum gesprochen wurde, wo Jesus lebte und lehrte, entwickelte sich im Heiligen Land vor etwa 3000 Jahren und wird auch heute noch in einigen jüdischen, mandäischen und christlichen Gemeinschaften gesprochen. Die Gelehrten sind sich im Allgemeinen darüber einig, dass Jesus das Vaterunser in dieser alten Sprache mitteilte und dass es auch in schriftlichem Aramäisch aufgezeichnet wurde. Diese Vermutung wird von alten Übersetzungen der Manuskripte des Neuen Testaments untermauert.

Diese alten Aufzeichnungen bestätigen, dass Jesus in seinen öffentlichen Predigten und Unterweisungen Aramäisch und nicht Hebräisch gesprochen hat. Wie die ältesten bekannten Versionen des Alten Testaments zeigen, die in der ägyptischen Nag-Hammadi-Bibliothek entdeckt wurden, bezeichnete Jesus seine Jünger mit aramäischen Namen. Der Name *Cephas* ist beispielsweise Aramäisch für »Petrus/Peter«, und *Thomas* ist Aramäisch für »Zwilling«. Es ist wichtig herauszufinden, welche Sprache zur Zeit Jesu gesprochen wurde, denn die Sprache birgt den Schlüssel zu den Worten und der Kraft des Vaterunsers.

Während sich die Gelehrten also einig sind, dass zu Jesu Zeiten Aramäisch gesprochen wurde, herrscht bei der Frage nach dem aramäischen Dialekt, in dem Jesus seinen Jüngern das Vaterunser offenbarte, keine Einigkeit. Die gelehrten Argumente würden den Rahmen dieses Buches sprengen. Trotzdem möchte ich darauf eingehen, was die wahrscheinlichste Antwort sein mag, und zwar auf Basis der ältesten Aufzeichnungen des Neuen Testaments: Manuskripte, die in Altsyrisch, einer Form des Aramäischen, verfasst wurden. Laut dem Gelehrten und Autor Stephen Andrew Missick »ähnelt diese Form des Aramäischen dem Aramäischen, das von Jesus gesprochen wurde, sehr, ist jedoch nicht exakt identisch«.[3]

Der universelle Code

Die Struktur des Vaterunsers ist sehr vielsagend. Sie ist ausgefeilt und einfach, und es ist wohl auch kein Zufall, dass das Format dieses alten Wortcodes genau jenem entspricht, welches heute in modernen Computersystemen Anwendung findet. Und das Format der Maschinensprache ist dasselbe, egal wie groß und komplex ein solcher moderner Computer ist, ob es sich nun um einen Mikrocomputer handelt, der auf 3 Zeilen Code läuft, oder einen zimmergroßen Supercomputer mit 3.000.000 Zeilen Code – immer wird dieselbe Struktur verwendet, die aus drei einfachen Funktionen besteht. Diese universale Vorlage umfasst drei Teile:

1. Eine Erklärungs-Deklaration
2. Eine Funktions-Deklaration
3. Eine Abschluss- (bzw. Lösungs-)Deklaration

Von der Software, welche die Menschen in den Weltraum schickt und sie wieder sicher nach Hause bringt, bis hin zu den Programmen, die über die Stromnetze der Welt Elektrizität verteilen – immer gilt dieselbe universale Struktur. Dieses Format stellt anscheinend die universalen Prinzipien des Informationsflusses in der Welt dar, und genau deshalb findet es auch für das Vaterunser Verwendung.

Der erste Satz des Codes ist die Erklärungs-Deklaration. Diese vorbereitenden Worte erklären dem Universum, was gleich geschehen wird. Danach folgen die Funktions-Deklarationen; sie beschreiben, was das Gebet erreichen soll (mehrere Dinge). Schließlich wird das Gebet durch die Abschluss-Deklaration beendet.

Bibelgelehrte bezeichnen die mehrteiligen Funktions-Deklarationen meistens als die »Bitten« des/der Betenden. Sie haben in der vollständigen Version des Vaterunsers sieben Bitten und in der Kurzversion drei Bitten identifiziert.

Aufsagen des Vaterunsers

Ich möchte die schützende Kraft von Weisheitscode 3 vermitteln, und zu diesem Zweck beginne ich mit einem Auszug des Vaterunsers aus der bereits erwähnten syrischen Übersetzung. Dies ist zwar eine Kurzform, aber in sich dennoch vollständig; sie wird oft in chaotischen Zeiten oder bei bevorstehender Gefahr verwendet, wenn die Zeit knapp ist. Ich habe das Gebet in drei Teile geordnet und werde jeden Teil kurz erklären.

Die Einleitung: *Vater unser im Himmel*

Die Einleitung ist die Erklärungs-Deklaration und schafft die erforderlichen Bedingungen; sie ebnet den Weg für den Erfolg des nachfolgenden Codes.

Die erste Bitte: *Dein Name werde geheiligt*

Das Wort »*geheiligt*« dürfte die beste Übersetzung der alten syrischen Schrift in modernes Deutsch sein. Damit wird ausgesagt, dass Gottes Name besonders und heilig ist und sich von allen anderen, gemeinen Worten abhebt.

Die zweite Bitte: *Dein Reich komme*

In diesem Zusammenhang bedeutet »*Reich*« die Essenz, das Wesen Gottes. Mit »*Dein* Reich« wird hier nicht darum gebeten, dass Gottes Reich auf die Erde kommen möge, sondern das Wort besagt, dass Gottes Wesen in allen Dingen und Erfahrungen gegenwärtig ist.

Die dritte Bitte: *Dein Wille geschehe*

In diesem Kontext bezieht sich »*Dein Wille*« auf die Vorgaben aus früheren Unterweisungen, wie zum Beispiel die acht Seligpreisungen aus Jesu *Bergpredigt*. Auch hier impliziert das Wort »*Dein*« keine Bitte, sondern sagt aus, dass Gottes Wille bereits in allen Dingen und Erfahrungen gegenwärtig ist.

Der Abschluss: *Wie im Himmel so auf Erden*

Mit diesem Satz wird der erste Teil des Codes zum Abschluss gebracht. Er besagt, dass die Erde die himmlischen Zustände spiegelt, die in der ersten, zweiten und dritten Bitte ausgedrückt werden.

Selbst in dieser Kurzform spiegelt das Vaterunser die vollständige Struktur des zuvor beschriebenen universellen Codes wider. Und aus diesem Grund wird dieser verehrte Weisheitscode in der christlichen Tradition als eine Vorlage – als das Gebet der Gebete – angesehen. Die zweite bzw. dritte Bitte – »*Dein Reich komme*« und »*Dein Wille geschehe*« – sind die Teile des Weisheitscodes 3, die den Schutz bieten, der angerufen wird. Die Absicht ist hier klar und einfach: Im Kontext des Reiches Gottes und in der Gegenwart des Willens Gottes ersetzt die in diesen Aussagen beschriebene göttliche Natur jede Dunkelheit und Gefahr, die uns begegnen könnte.

Was fehlt: *Das Reich, die Kraft, die Herrlichkeit?*

In einigen – aber keineswegs allen – Bibelübersetzungen ist ein weiterer Teil des Vaterunsers zu finden, der üblicherweise in der Liturgie ebenfalls zur Vervollständigung des Gebets verwendet wird:

Denn dein ist das Reich und die Kraft
und die Herrlichkeit in Ewigkeit.

Dieser vertraute Abschluss des Gebets, wie er heute oft in den Kirchen gesprochen wird, ist als byzantinische Doxologie oder einfach als Doxologie bekannt.

Die Doxologie ist eindeutig kein Teil des ursprünglichen Gebetes, wie sie in der ältesten Fassung des Matthäusevangeliums aufgezeichnet ist. Vielmehr erscheint sie später erstmals in der Didache, einem weniger relevanten biblischen Text, der nach der Zeit Jesu geschrieben wurde, im 1. Jahrhundert unserer Zeitrechnung.

Das Vaterunser auf Aramäisch sprechen

In neuerer Zeit sind die aramäischen Worte für das Vaterunser durch die Schriften des renommierten Religionswissenschaftlers Neil Douglas-Klotz, Ph.D., ins Bewusstsein der breiten Öffentlichkeit gerückt. Da es keine genauen Wort-für-Wort-Entsprechungen zwischen dem Aramäischen und dem Englischen oder Deutschen gibt, bietet sich die Originalsprache für alternative Interpretationen an. 1990 veröffentlichte Douglas-Klotz *Prayers of the Cosmos* (dt. *Das Vaterunser: Meditationen und Körperübungen zum kosmischen Jesusgebet*), ein relativ schmales Buch mit dem aramäischen Originaltext ausgewählter biblischer Schriftstellen, auch des Vaterunsers, zusammen mit mehreren möglichen Übersetzungen und Neuinterpretationen.

Seit dessen Veröffentlichung haben Einzelpersonen und Familien, aber auch kleine Studiengruppen und eine große Teilnehmerschaft von Veranstaltungen regelmäßig die folgende beliebte Übersetzung benutzt, um das Gebet voller Ehrerbietung zu sprechen und die Früchte dieses kraftvollen Gebetes zu ernten. Für jene, die den Klang und das Gefühl der tatsächlichen Worte Jesu erfahren möchten, wird auch die Aufschlüsselung von Douglas-Klotz nach Sätzen sowie eine ungefähre Übersetzung des Vaterunsers hier beigefügt.

Hinweis: Wenn Sie dieses Gebet im ursprünglichen aramäischen Wortlaut und in aramäischer Aussprache rezitieren möchten, ist ein Tutorial für die Wörter online verfügbar, mit englischen Übersetzungen *(https://abwoon.org/library/learn-aramaic-prayer/).*

Aramäischer Wortlaut	Deutsche Übersetzung
Abwûn d'bwaschmâja	Oh Gebärer(in)! Vater-Mutter des Kosmos, du erschaffst alles, was sich bewegt, im Licht.
Nethkâdasch schmach	Bündele dein Licht in uns – mache es nützlich, wie das Licht eines Leuchtturms, das den Weg weist.
Têtê malkuthach	Erschaffe dein Reich der Einheit jetzt – durch unsere feurigen Herzen und willigen Hände.
Nehwê tzevjânach aikâna d'bwaschmâja af b'arha	Dein eines Verlangen wirkt dann in unserem, wie in allem Licht, so in allen Formen.
Hawvlân lachma d'sûnkanân jaomâna	Gewähre uns täglich, was wir an Brot und Einsicht brauchen – Lebensunterhalt für den Ruf des wachsenden Lebens.
Waschboklân chaubên (wachtahên) aikâna daf chnân schvoken l'chaijabên	Löse die Stränge der Fehler, die uns binden, wie wir loslassen, was uns bindet an die Schuld anderer.

Wela tachlân l'nesjuna ela patzân min bischa	Lass uns nicht in Vergesslichkeit geraten, sondern befreie uns von Unreife.
Metol dilachie malkutha wahaila wateschbuchta l'ahlâm almîn	Aus dir kommt der allwirksame Wille, die lebendige Kraft zu handeln, das Lied, das alles verschönert und sich von Zeitalter zu Zeitalter erneuert.
Amên	Denn wahrhaftig – Kraft diesen Aussagen! Mögen sie die Quelle sein, aus der all mein Handeln entspringt. Besiegelt in Vertrauen und Glauben. Amen.

Verwendung von Weisheitscode 3

Weiter vorne habe ich die ersten drei Bitten des Vaterunsers vorgestellt; sie können ebenso wie die vollständige Version in der Ursprache Aramäisch als Schutzgebet verwendet werden.

Die Kraft der Weisheitscodes entfaltet sich, wenn sie immer wieder als Affirmation aufgesagt werden. Dadurch wird dem Unterbewusstsein ein Code eingeprägt. Erzeugen wir Herz-Gehirn-Harmonie, wie im Kapitel »Die Verwendung der Weisheitscodes« beschrieben (siehe Seite 21 ff.), haben wir sozusagen einen »heißen Draht« und können direkt mit dem Unterbewusstsein kommunizieren.

Rezitieren Sie den Code Zeile für Zeile aus einem Zustand der Herz-Gehirn-Harmonie heraus, entweder still im Geiste oder laut, bis Ihr Vertrauen gewachsen ist und Sie die Sicherheit spüren, dass Sie nicht allein sind. Der Schlüssel liegt darin, diesen Code mit Fokus auf Gewahrsein, Atmung und Gefühl aus dem Herzen heraus – nicht allein mit dem Kopf – anzunehmen.

Originalwortlaut auf Aramäisch:

Abwûn d'bwaschmâja
Nethkâdasch schmach
Têtê malkuthach
Nehwê tzevjânach aikâna d'bwaschmâja af b'arha
Hawvlân lachma d'sûnkanân jaomâna
Waschboklân chaubên (wachtahên) aikâna
daf chnân schvoken l'chaijabên
Wela tachlân l'nesjuna
ela patzân min bischa
Metol dilachie malkutha wahaila
wateschbuchta l'ahlâm almîn
Amên

Deutsche Übersetzung aus dem Altaramäischen:

Vater unser im Himmel,
geheiligt werde dein Name.
Dein Reich komme.
Dein Wille geschehe,
wie im Himmel, so auf Erden.
Unser tägliches Brot gib uns heute.
Und vergib uns unsere Schuld,
wie auch wir vergeben unsern Schuldigern.
Und führe uns nicht in Versuchung,
sondern erlöse uns von dem Bösen.
Amen.

NOTIZEN

Weisheitscode 4

GAYATRI-MANTRA

Brahma,
Manifestation spiritueller Energie,
Zerstörer des Leidens,
Verkörperung des Glücks,
strahlend wie die Sonne,
Zerstörung der Sünde,
göttlich,
Intellekt, der inspirieren kann!

Einsatz:
Dieses Mantra, unter dem Namen »Gayatri-Mantra« bekannt, dient dem persönlichen Schutz und auch der benötigten Klärung persönlicher Hürden.

Quelle:
Rigveda, Mandala (Buch) 3, Hymne 62, Vers 10

Das vedische Zufluchtsgebet Gayatri-Mantra – auch als »Großes Mantra« bekannt – wird in der Hindu-Tradition so hoch verehrt, dass es auch oft die *»Mutter der Veden«* genannt wird. Die ursprüngliche Quelle des Gayatri-Mantra ist der älteste vedische Text, der Rigveda, Mandala 3, Hymne 62, Vers 10.[1] Als eines der am häufigsten verwendeten vedischen Mantras hat es eine lange und komplexe Vergangenheit mit einer über 3000-jährigen Geschichte, und die verschiedenen Übersetzungen spiegeln die unterschiedlichen Interpretationen der jeweiligen Übersetzer im Lauf der Zeit wider.

An dieser Stelle wollen wir zunächst einen eher allgemeinen Blick auf das Mantra werfen, um ein Gefühl dafür zu bekommen, was es überhaupt ist und wie es dargelegt wird. Die nachfolgende Interpretation stammt von dem hinduistischen Gelehrten Swami Vivekananda (1863–1902); danach gehen wir auf eine tiefergehende Übersetzung des ursprünglichen Wortlauts in Sanskrit ein. In der Wort-für-Wort-Übersetzung finden wir heraus, warum das Gayatri-Mantra ein zeitloser Code der Zuflucht und des Schutzes in der hinduistischen wie auch der buddhistischen Tradition war und noch immer ist.

Da es keine direkte Entsprechung zwischen den Wörtern in Sanskrit und denen in der englischen bzw. deutschen Sprache gibt, ist jede Übersetzung des Gayatri-Mantras lediglich eine Annäherung an die ursprüngliche Sprache und Absicht. Vor diesem Hintergrund interpretiert Swami Vivekananda die allgemeine Bedeutung des Mantras wie folgt:

Wir meditieren über die Herrlichkeit jenes Wesens,
das dieses Universum hervorgebracht hat.
Möge Er unseren Geist erleuchten.[2]

Der folgende Wortlaut ist eine Übersetzung des gleichen Mantras durch den Hindu-Gelehrten Shri Gyan Rajhan aus dem 20. Jahrhundert, die auch von modernen Yoga- und vedischen Gelehrten akzeptiert wird.

Oh, absolutes Sein,
Schöpfer der drei Dimensionen,
wir schauen auf dein göttliches Licht.
Möge Er unseren Intellekt anregen
und uns wahres Wissen schenken.[3]

So unterschiedlich diese allgemeinen Interpretationen auch sind, haben doch beide eine gemeinsame Bedeutung und Absicht, die veranschaulicht, warum das Gayatri-Mantra oft als Schutzquelle verwendet wird. Beide Übersetzungen des Mantras schließen mit der Aufforderung, Göttlichkeit und göttliches Wissen in unser tägliches Leben zu integrieren. Dem Glauben nach wird durch die Erleuchtung des menschlichen Geistes das Denken aller Beteiligten, das Zorn und Feindseligkeit ermöglicht, gereinigt – sowohl das Denken des Mantra-Anwenders als auch das Denken jener, die für den Anwender eine Bedrohung darstellen könnten.

Das Gayatri-Mantra dient als Quelle innerer Stärke und Kraft und soll dem Glauben nach nicht nur Schutz, sondern eine Reihe weiterer Vorteile gewähren, unter anderem einen stärkeren Geist (besonders eine erhöhte Konzentration) und eine verbesserte Atmung und Gesundheit.

Der Sanskrit-Code

Obwohl der Ursprung des Gayatri-Mantras um 1800 v. Chr. und damit fast zwei Jahrtausende vor den biblischen Evangelien liegt, folgt es derselben Gebetsvorlage, die im Vaterunser zu sehen ist. Wie in Weisheitscode 3 ausführlich beschrieben, spiegelt diese Vorlage universelle Prinzipien des Informationsflusses wider und verwendet die drei zuvor als Vorlage identifizierten Teile: eine Erklärungs-Deklaration, eine Funktions-Deklaration (oder auch mehrere) und eine Abschluss-Deklaration.

Unter Berücksichtigung dieser Beziehungen stelle ich im Folgenden eine mögliche Übersetzung des ursprünglichen Mantras vor und erkläre auch die Bedeutung der einzelnen Wörter. Dabei stütze ich mich auf die (englische) Übersetzung des Hindu-Gelehrten Kumud Ajmani, Ph.D.[4] Des Weiteren werde ich die Beziehung dieser Wörter im Kontext der universellen Gebetsvorlage illustrieren, um Konsistenz zu gewährleisten.

Erklärungs-Deklaration: *Aum*

Bedeutung: Gottes höchster Name.

Bhur Bhuvah Swaha

Bedeutung: Diese Worte drücken die inhärenten Qualitäten aus, die als Gott existieren. *Bhur* bedeutet »Existenz«. *Bhuvah* veranschaulicht das Bewusstsein Gottes. *Swaha* sagt uns, dass Gott allen Dingen innewohnt.

Funktions-Deklaration 1: *Tat Savitur Varenyam*

Bedeutung: Im Kontext des Gayatri-Mantras heißt dies, dass der Anwender selbstlos Lobpreisungen an Gott richtet. Das Wort *tat* bedeutet »dies«, und im Gayatri-Mantra meint es, dass das Lob an Gott gerichtet ist. *Savitur* ist ein Name für Gott als die Quelle aller Dinge sowie Gottes Segen für die Menschheit. *Varenyam* heißt: »Wer berechtigt/würdig« ist, Gottes Segen zu empfangen.

Funktions-Deklaration 2: *Bhargo Devasya Dhimahi*

Bedeutung: Die drei Wörter in dieser Erklärung benennen die Qualitäten Gottes aus einer funktionalen Perspektive. *Bhargo* beschreibt das Licht, das Gottes Liebe ist. *Devasya* ist von dem Sanskrit-Wort *deva* abgeleitet und veranschaulicht die vielen Facetten der Eigenschaften Gottes, ohne die nichts existieren kann. *Dhimahi* bedeutet, den Fokus auf Gott zu richten.

Abschluss-Deklaration: *Dhiyo Yo Nah Prachodayat!*

Bedeutung: *Dhiyo* heißt »Intellekt« und wird in diesem Mantra verwendet, um Gott zu bitten, unsere Fähigkeiten und den Gebrauch unseres Intellekts zu lenken. *Yo,* das heißt »wer«, erinnert uns daran, dass wir nur für Gott beten. *Nah* – »unser« – soll aussagen, dass unser Mantra nicht nur für uns selbst, sondern für alle Menschen gilt. *Prachodayat* vervollständigt das Mantra und drückt aus, dass das gesamte Mantra eine Bitte an Gott ist, wenn wir Sicherheit, Frieden und Glück suchen.

Das Gayatri-Mantra überschreitet nach wie vor die traditionellen Grenzen von Religion und Spiritualität und ist auch heute noch eines der populärsten Mantras auf der ganzen Welt. Einer der Gründe für seine Beliebtheit sind die vielfältigen Anwendungsmöglichkeiten. Dazu gehört der Schutz, der sich aus der Beseitigung sowohl physischer als auch emotionaler Hindernisse ergibt, welche uns bei unserer Suche nach der tieferen Weisheit des spirituellen Wachstums im Weg stehen können.

Verwendung von Weisheitscode 4

Die Kraft der Weisheitscodes entfaltet sich, wenn sie immer wieder als Affirmation aufgesagt werden. Dadurch wird dem Unterbewusstsein ein Code eingeprägt. Erzeugen wir Herz-Gehirn-Harmonie, wie im Kapitel »Die Verwendung der Weisheitscodes« beschrieben (siehe Seite 21 ff.), haben wir sozusagen einen »heißen Draht« und können direkt mit dem Unterbewusstsein kommunizieren.

Rezitieren Sie den Code Zeile für Zeile aus einem Zustand der Herz-Gehirn-Harmonie heraus, entweder still im Geiste oder laut, bis Ihr Vertrauen gewachsen ist und Sie die Sicherheit spüren, dass Sie nicht allein sind. Der Schlüssel liegt darin, diesen Code mit Fokus auf Gewahrsein, Atmung und Gefühl aus dem Herzen heraus – nicht allein mit dem Kopf – anzunehmen.

Wortlaut im Sanskrit:

Aum …
Bhur Bhuvah Swaha;
Tat Savitur Varenyam;
Bhargo Devasya Dhimahi;
Dhiyo Yo Nah Prachodayat!

Deutsche Übersetzung:

Brahma,
Manifestation spiritueller Energie,
Zerstörer des Leidens,
Verkörperung des Glücks,
strahlend wie die Sonne,
Zerstörung der Sünde,
göttlich,
Intellekt, der inspirieren kann!

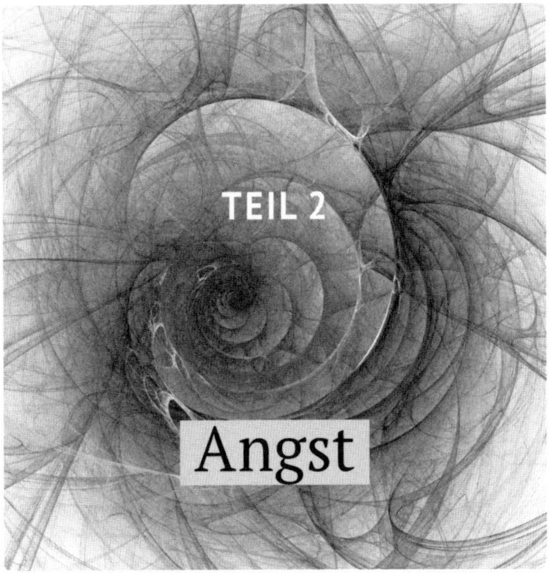

TEIL 2
Angst

Nur in dem Maß,
in dem wir uns immer wieder
der Auslöschung aussetzen,
kann das Unzerstörbare
in uns gefunden werden.

Pema Chödrön,
tibetische buddhistische Nonne[1]

Wir alle erleben Angst. Sie ist eine von sechs Emotionen, die – neben Traurigkeit, Glück, Wut, Überraschung und Ekel – universell in allen menschlichen Bevölkerungen vorkommen, wie Wissenschaftler festgestellt haben. Doch Angst ist nicht nur eine universelle Erfahrung, sondern auch eine der geheimnisvollsten Emotionen. Warum? Angst tritt auf unterschiedliche Weise auf, wir erleben sie aus diversen Gründen, und sie bedeutet für verschiedene Menschen etwas Unterschiedliches.

Angst zeigt sich manchmal in unserem Leben in Form von Symptomen, die mit der Ursache der Angst scheinbar so wenig zu tun haben, dass wir den Zusammenhang nicht sofort erkennen. Emotionale Erfahrungen wie chronische Angst, Sorge und Depressionen sowie körperliche Symptome – von Hautausschlägen, Erkältungen und Allergien bis hin zu Bluthochdruck und Funktionsstörungen der Organe –, die wir unterbewusst mit einem ungelösten Trauma in Verbindung bringen, sind Beispiele für die unzähligen Signale, die eine zugrunde liegende Angst aufdecken können.

Die bahnbrechende Arbeit von Dr. Candace Pert und ihr revolutionäres Buch *Moleküle der Gefühle* ebneten den Weg für das wissenschaftliche Verständnis und Wissen darum, wie die chemischen Signale unserer ungelösten Ängste – bekannt als angstbezogene *Neuropeptide* – unbegrenzt in den Geweben, Drüsen und Organen des Körpers gespeichert werden können, bis unsere Angstreaktion aufgelöst ist und diese chemischen Verbindungen verstoffwechselt werden können.[2]

Wie wir aus der Verhaltensforschung wissen, sind unausgesprochene, scheinbar unerklärliche Erfahrungen von Angst letztlich Ausdruck einer einzigen ursprünglichen, typischerweise unbewussten Angst: der Angst vor Auslöschung und Nichtexistenz.[3]

Die Angst vor der Vernichtung bzw. Auslöschung kann durch Alltagserfahrungen, die scheinbar nichts miteinander zu tun haben, ausgelöst werden. Oder genauer gesagt, durch unsere *Wahrneh-*

mung von Alltagserfahrungen. Unsere Angst vor der Nichtexistenz könnte etwas Universelles sein, denn wir alle erleben die Ungewissheit der menschlichen Existenz. Eine Ironie unserer modernen Zeit ist, dass wir trotz unserer großen technologischen Errungenschaften die grundlegendsten Fragen unserer Existenz noch nicht mit wissenschaftlicher Gewissheit beantworten können: *Wer sind wir? Woher kommen wir? Wohin gehen wir, wenn wir sterben?*

Unbewusste Angst

Manchmal sind unsere Ängste logisch, rational und vollkommen sinnvoll. Der Impuls, zurückzuweichen, wenn wir eine Spinne von einem Netz in unserem Wohnzimmer baumeln sehen, oder das mulmige Gefühl in der Magengrube, wenn wir von einem 20 Stockwerke über dem Erdboden liegenden Hotelhochhausbalkon auf die Straße hinunterstarren, sind natürliche Reaktionen. In diesen Beispielen ist der Auslöser für Angst oder Beklemmung real; er ist greifbar und deutlich präsent. Manchmal sind die Quellen unserer Ängste jedoch nicht so offensichtlich und kommen von etwas, das verborgen, unbewusst und vergessen ist.

Wie Wissenschaftler inzwischen nachgewiesen haben, gehen die meisten unserer Emotionen sowie der Großteil unserer täglichen Handlungen, Entscheidungen und Verhaltensweisen von einem nicht bewussten Teil unseres Gehirns aus: dem Unterbewusstsein, das für 95 Prozent unserer täglichen Aktivitäten verantwortlich ist. Unsere Ängste gehören zu diesen unbewussten Emotionen.

Ein Beispiel für eine unbewusste Angst ist häufig bei Erwachsenen festzustellen, die in ihrer Herkunftsfamilie Alkoholismus erlebt haben: die Angst, nicht gehört zu werden. Wie Kinder und Ehepartner aus durch Alkoholmissbrauch gestörten Familien oft berichten, fühlen sie sich häufig ignoriert, kritisiert und vernachlässigt. Ist das betreffende Familienmitglied nicht in einem starken

Selbstbewusstsein verankert, mit gesundem Selbstwertgefühl und einer starken Seelenidentität, verliert es sich leicht und erliegt diesen Gefühlen. Es mangelt diesen Menschen an einer klaren Identität, und deshalb schenken sie der Herabsetzung, die sie in ihrer ungesunden Umgebung erleben, womöglich Glauben.

Die Gefahr besteht darin, dass das Unterbewusstsein Kritik und mangelnde Anerkennung leicht mit einem Gefühl der Unsichtbarkeit und Nichtexistenz assoziiert. Und während nach außen ausgelebte Wut oder innerer Rückzug es uns als Abwehrmechanismen vielleicht erlauben, den Moment zu überleben, kann die ungelöste Natur der daraus resultierenden Verletzung oder des Traumas noch lange nach der eigentlichen Erfahrung bestehen bleiben. Genau diese ungelösten Traumata, die als die Symptome »aufleuchten«, führen uns letztlich zur Quelle unserer Erfahrung. *Wichtig dabei ist: Ängste, so unterschiedlich sie auch zu sein scheinen, sind in Wirklichkeit auf eine oder eine Kombination von drei universellen Ängsten zurückzuführen: die Angst vor dem Verlassenwerden; die Angst, es nicht wert zu sein, leben zu dürfen; und die Angst vor der Auslöschung.*

In akademischen Kreisen wird weiterhin kontrovers diskutiert, ob diese universellen Ängste erlernt oder etwas Instinktives sind oder irgendwie genetisch von den Eltern auf das Kind übertragen werden. Die Debatte geht weiter, und ein Ende ist nicht abzusehen, doch die Worte, die uns angesichts unserer tiefsten und manchmal unbekannten Ängste Trost spenden, werden seit Jahrhunderten anerkannt und verstanden.

In seiner berühmten ersten Antrittsrede an die Nation sagte US-Präsident Franklin D. Roosevelt: »Das Einzige, wovor wir Angst haben müssen, ist die Angst selbst.« Ich denke, diese Aussage birgt viel Wahres. Mit diesem Gedanken im Hinterkopf habe ich die Weisheitscodes in diesem Abschnitt ausgewählt. In Zeiten der Angst spenden sie seit Jahrtausenden Trost und Beruhigung.

Universelle Erinnerungen

Wenn etwas der Wahrheit entspricht, tritt dieses »Etwas« oft an vielen Orten und in vielen Formen auf, einfach weil es universell ist. Die Weisheitscodes in diesem Abschnitt wurden von Eingeweihten, Mystikern und Propheten aus der ganzen Welt schon in ferner Vergangenheit memoriert, um uns an genau eine solche Wahrheit zu erinnern: dass etwas in uns ewig ist. Es gibt einen Teil von uns, der nicht zerstört werden kann und nie im Nichts verschwinden wird. Und eben durch diese Erinnerung an unser beständiges Wesen geben uns die vier Weisheitscodes in Teil 2 dieses Buches Zuflucht inmitten unserer Angst vor der absoluten Auslöschung.

Diese mystische Sichtweise unserer ewigen Natur wird von modernsten wissenschaftlichen, mathematischen wie auch philosophischen Erkenntnissen gestützt. Zum Beispiel sagt uns der Energieerhaltungssatz, ein grundlegendes Prinzip der Physik, das erstmals 1842 von Julius Robert von Mayer beschrieben wurde, dass Energie in einem isolierten System, wie der Biosphäre der Erde, weder geschaffen noch zerstört, sondern nur von einer Form in eine andere umgewandelt werden kann.[4] Wir sehen die Umsetzung dieses Prinzips in unserem tagtäglichen Leben, doch womöglich erkennen wir nicht, dass vieles um uns herum an unsere beständige Natur erinnert.

Ein Beispiel ist die thermische Energie (Wärme); sie ist zunächst einmal als Sonnenlicht vorhanden, und mit ihrer Hilfe aktivieren Pflanzen die chemische Energie (Zellen), die sie am Leben erhält. Sterben die Pflanzen ab, bleibt die in ihnen enthaltene chemische Energie als versteinerte Überreste der Pflanze in Form von Öl oder Kohle erhalten. Wenn die fossilen Brennstoffe verbrannt werden, wandeln sie die chemische Energie wieder in Wärmeenergie um, und damit werden Turbinen angetrieben, die Strom für unsere Häuser, Fabriken, Schulen und Bürogebäude erzeugen oder die Zylinder eines Automotors in Bewegung versetzen. Diese Wärmeenergie wird wiederum zu kinetischer, also Bewegungsenergie, dank der wir zur Arbeit oder zur Schule gehen oder Lebensmittel für unsere Familie einkaufen können.

Im Kern geht es hier einfach um Folgendes: Im Lauf dieses gesamten Zyklus wurde die Energie nie geschaffen und nie zerstört; sie änderte in jeder Phase des Zyklus einfach ihre Form. Dieses Prinzip scheint auch für uns zu gelten.

Als Wesen aus Energie existieren wir immer. Auch wenn wir unsere Form und unseren Ausdruck verändern, können wir nicht zu »nichts« werden. Modernste Erkenntnisse aus der Physik nennen uns die Gründe, warum es für uns buchstäblich unmöglich ist, im Nichts zu verschwinden. Dieses grundlegende Verständnis bildet den gemeinsamen Nenner der Weisheitscodes in diesem Abschnitt. Sie erinnern uns an unsere ewige Essenz, und das weckt eine Urerinnerung in uns und lässt uns auch heute verstehen, dass unsere tiefste Angst vor der Auslöschung buchstäblich unmöglich zur Realität werden kann.

Weisheitscode 5

KATHA UPANISHAD

Die Seele wird nicht geboren
und stirbt auch nicht.
Sie entsprang nicht aus etwas,
und nichts entsprang ihr.
Sie ist ungeboren, ewig, unsterblich und zeitlos.
Sie wird nicht zerstört,
wenn der Körper zerstört wird.[1]

Einsatz:
Bei diesem Code geht es um die Unsicherheit und die universelle Angst, dass wir nach dem Tod nicht mehr existieren.

Quelle:
Die Katha Upanishad oder auch Kathopanishad zählt zu den Haupttexten der alten Hindu-Veden, Kapitel 1, Abschnitt 2, Verse 18–2050

Die als Veden bekannte Textsammlung gehört zu den ältesten Schriften der großen Weltreligionen; sie ist vor mindestens 3000 Jahren – möglicherweise sogar noch früher – entstanden. Die Texte wurden ursprünglich in vedischem Sanskrit geschrieben, der ältesten Form des alten Sanskrit-Alphabets, die heute nur noch selten verwendet wird. Die vedische Literatur umfasst hochkomplexes Wissen; Erklärungen dazu füllen ganze Bände und haben Gelehrte über Jahrhunderte beschäftigt. Die folgende kurze Beschreibung soll erklären, wie die Veden geschrieben und angeordnet sind, um die Quelle dieses Weisheitscodes verständlich zu machen.

Die Textsammlung der Veden wird normalerweise in vier Hauptschriften unterteilt:

- Der Rigveda besteht aus 1028 Hymnen und ist der älteste Veda. Er ist 33 Gottheiten gewidmet, die zur Zeit der Abfassung der Texte verehrt wurden.
- Der Atharvaveda besteht aus 760 Hymnen; sie beschreiben die verschiedenen Heilungsmethoden, die in der damaligen Zeit von den Ärzten verwendet wurden.
- Der Samaveda ist eine Sammlung von 1549 Hymnen, die vermutlich weitgehend dem bereits genannten umfassenderen Rigveda entnommen wurden. Der Text beginnt mit Hymnen, die an Agni, den Gott des Feuers, und Indra, den Gott des Himmels, adressiert sind.
- Der Yajurveda besteht aus mehr als 1800 Mantras, die religiöse Rituale beschreiben.

Jede dieser vier Schriften enthält Teile, die als *Upanishaden* bezeichnet werden, das heißt, es handelt sich um *geheime Texte,* eine Klassifizierung, die auf ihrem aus Mantras und Zeremonien bestehenden Inhalt beruht.

Die Quelle für Weisheitscode 5 ist eine dieser Upanishaden, die Kathopanishad oder Katha Upanishad, die sich besonders den Geheimnissen der Spiritualität und Meditation widmet. Angesichts dieser Klassifizierung sollte der Inhalt dieses Weisheitscodes nicht überraschen. Er bietet eine Antwort und einen Halt hinsichtlich der universellen Angst, zu *nichts* zu werden.

Dieser Weisheitscode gehört zu den direktesten Erinnerungen an die nicht endende Natur unseres Wesens und entspricht dem Weisheitscode 7 aus der Bhagavad Gita, einem heiligen hinduistischen Text.

Verwendung von Weisheitscode 5

Die Kraft der Weisheitscodes entfaltet sich, wenn sie immer wieder als Affirmation aufgesagt werden. Dadurch wird dem Unterbewusstsein ein Code eingeprägt. Erzeugen wir Herz-Gehirn-Harmonie, wie im Kapitel »Die Verwendung der Weisheitscodes« beschrieben (siehe Seite 21 ff.), haben wir sozusagen einen »heißen Draht« und können direkt mit dem Unterbewusstsein kommunizieren.

Rezitieren Sie den Code Zeile für Zeile aus einem Zustand der Herz-Gehirn-Harmonie heraus, entweder still im Geiste oder laut, bis Sie weniger Angst verspüren. Der Schlüssel liegt darin, diesen Code mit Fokus auf Gewahrsein, Atmung und Gefühl aus dem Herzen heraus – nicht allein mit dem Kopf – anzunehmen.

Die Seele wird nicht geboren
und stirbt auch nicht.
Sie entsprang nicht aus etwas,
und nichts entsprang ihr.
Sie ist ungeboren, ewig, unsterblich und zeitlos.
Sie wird nicht zerstört,
wenn der Körper zerstört wird.

NOTIZEN

Weisheitscode 6

PYRAMIDENTEXTE

**Es gibt keine Saat eines Gottes,
die jemals vergangen ist,
und auch derjenige, der zu ihm gehört,
wird nie vergehen.
Du wirst nicht vergehen,
du, der du zu ihm gehörst.**[1]

Einsatz:
Bei diesem Code geht es um die universelle menschliche Angst vor der Auslöschung und die Urangst vor der Nichtexistenz.

Quelle:
Pyramidentexte aus der Unas-Pyramide, Spruch 213, Vers 145

Die Hieroglyphen, die uns als die Pyramidentexte aus der Pyramide des Königs Unas überliefert sind, zählen zu den ältesten uns bekannten Schriften. Ich hatte die Gelegenheit, die geheimnisvollen Kammern dieser Pyramide zu erforschen und sie im Herbst 1986 in Begleitung einer kleinen Gruppe von Wissenschaftlern und Forschern mit eigenen Augen zu sehen. Wir gingen durch die Bogengänge und Tunnel, bis wir uns in einem Raum mit einer Gewölbedecke wiederfanden, der die heute berühmten Hieroglyphentexte enthält. Sie sind nicht aufgemalt, sondern in die Wände gemeißelt.

Diese Texte erfüllten mich aus zwei Gründen mit ehrfürchtigem Staunen: Erstens sind die Anweisungen auch heute noch so gut erhalten, dass sie aussehen, als hätte sie der Künstler nur Stunden zuvor fertiggestellt und wäre dann gegangen. Aber abgesehen von dem außergewöhnlich guten Zustand der Inschriften fasziniert mich zweitens vor allem, was sie uns mitteilen.

Spruch 213

Von all dem, was der Künstler/Schreiber/Priester, der die Kammerwand vor vier Jahrtausenden beschriftete, hätte aufschreiben können: Vom Klimawandel und der damals bekanntlich herrschenden extremen Dürre bis hin zu den Hungersnöten und sozialen Unruhen, von denen uns alte Aufzeichnungen berichten, wird im Text nichts erwähnt. Mithilfe eines Systems von Sprüchen, die jeweils aus mehreren Versen bestehen, wird der Text mit einem einzigen Ziel vor Augen geschrieben: Er soll die Seele von König Unas auf ihrer Reise ins Jenseits belehren, beruhigen und trösten.

Der Weisheitscode 6, der aus Spruch 213, Vers 145 der Pyramidentexte stammt, ist ein schönes Beispiel dafür, welche Art von Beruhigung die alten Schriften bieten. Dieser alte Passus versichert der Seele des Königs, dass ihr der Übergang ins Jenseits gelingen wird, da sie ursprünglich aus einem Gott hervorgegangen ist und ein lebendiger Ausdruck eines Gottes ist. *Die Seele kann an ihrem Übergang nicht scheitern,* denn das ist unmöglich. Auf Basis der Logik vom göttlichen Ursprung und der ewigen Natur der Seele gibt der Text dem König bzw. jedem religiösen Eingeweihten oder Schreiber, der die Texte liest, einen Grund dafür, den sicheren Erfolg seiner Reise als gegeben hinzunehmen.

Dieser alte Text ist eines der frühesten schriftlichen Beispiele für eine Technik, die im Lauf der Jahrhunderte ein anerkanntes Mittel war, in Zeiten der Not zu lehren, zu helfen, zu führen, zu trösten und zu heilen. Das Beispiel aus den Pyramidentexten in Vorbereitung auf den Tod von König Unas wurde zwar vor 4000 Jahren verfasst, doch das Prinzip funktioniert zu unseren Lebzeiten in unserer heutigen Welt mit all ihren Herausforderungen genauso wirksam. Die Kraft der Pyramidentexte liegt »verborgen« vor unseren Augen in einem Weisheitscode, zu dem wir jeden Tag unseres Lebens Zugang haben.

Verwendung von Weisheitscode 6

Die Kraft der Weisheitscodes entfaltet sich, wenn sie immer wieder als Affirmation aufgesagt werden. Dadurch wird dem Unterbewusstsein ein Code eingeprägt. Erzeugen wir Herz-Gehirn-Harmonie, wie im Kapitel »Die Verwendung der Weisheitscodes« beschrieben (siehe Seite 21 ff.), haben wir sozusagen einen »heißen Draht« und können direkt mit dem Unterbewusstsein kommunizieren.

Rezitieren Sie den Code Zeile für Zeile aus einem Zustand der Herz-Gehirn-Harmonie heraus, entweder still im Geiste oder laut, bis Sie weniger Angst verspüren. Der Schlüssel liegt darin, diesen Code mit Fokus auf Gewahrsein, Atmung und Gefühl aus dem Herzen heraus – nicht allein mit dem Kopf – anzunehmen.

Es gibt keine Saat eines Gottes,
die jemals vergangen ist,
und auch derjenige, der zu ihm gehört,
wird nie vergehen.
Du wirst nicht vergehen,
du, der du zu ihm gehörst.

Weisheitscode 7

BHAGAVAD GITA

Die Seele wird nicht erschaffen
und vergeht auch nicht.
Sie ist ungeboren, ewig, unsterblich und zeitlos.
Sie wird nicht zerstört,
wenn der Körper zerstört wird.[1]

Einsatz:
Bei diesem Code geht es um die Unsicherheit und die universelle Angst vor der Nichtexistenz.

Quelle:
Bhagavad Gita, Kapitel 2, Vers 20

Am Vorabend der epischen Schlacht, die in den Sanskrit-Schriften als *Bhagavad Gita* beschrieben wird, findet sich der Krieger und Bogenschützenmeister Arjuna mit einer anderen, unerwarteten Art von Kampf konfrontiert. Es ist keine physische Schlacht mit Rüstungen, Speeren und Pfeilen, sondern vielmehr ein persönlicher Kampf mit widersprüchlichen Emotionen aus der Erkenntnis heraus, welch furchtbare Folgen der Einmarsch seiner Armee in die Schlacht haben würde. Als er auf die weite Ebene von Kurukshetra blickt, das Feld, auf dem der legendäre Zusammenstoß zweier großer Armeen bevorsteht (und das sich im heutigen indischen Bundesstaat Haryana befindet), weiß er, dass die Schlacht ebenso wie der Verlust von Menschenleben epische Ausmaße annehmen wird.

Der Konflikt geht auf den Kampf zwischen zwei Cousins um den Königsthron zurück. Am Vorabend der Schlacht ist es offensichtlich, dass sämtliche diplomatischen Bemühungen gescheitert sind. Arjunas innerer Konflikt ist auf seine Erkenntnis beim Blick über das Feld zurückzuführen, dass die rivalisierenden Armeen, die den Konflikt beilegen sollen, aus Nachbarn, Freunden und Familie bestehen, die er schon sein ganzes Leben lang kennt.

Arjunas Entscheidung

Eine solche Schlacht würde unausweichlich zu unermesslichem Leid, zum Tod von lebenslangen Freunden und Verwandten führen. Dank dieser Erkenntnis kommt Arjuna zu dem Schluss, dass der materielle Reichtum des Throns nicht den Preis eines Menschenlebens wert ist. Er trifft die schwierige Entscheidung, sich als Kriegsherr aus der Schlacht zurückzuziehen. Arjuna legt seinen mächtigen Bogen auf den Boden (ein Bogen, der angeblich 30.000 Pfeile auf einmal abgeschossen haben soll) und weigert sich, seine Armee zu einem so tragischen Ergebnis zu führen. Und an dieser Stelle kommen die Philosophien, die die Bhagavad Gita zu einem so hoch angesehen Teil der heiligen Hindu-Schriften gemacht haben, ins Spiel. Arjuna spricht über sein Dilemma mit seinem Wagenlenker und bittet ihn um Rat. Was er zu diesem Zeitpunkt noch nicht weiß: Sein Wagenlenker, Krishna, ist in Wirklichkeit der Hindu-Gott Vishnu, der vorübergehend menschliche Gestalt angenommen hat, um mit Arjuna sprechen zu können. Krishna sieht, dass Arjuna wegen seiner Denkweise über Kampf, Leben, Tod und sogar die Realität an sich zu kämpfen hat.

Krishna beginnt mit Arjuna einen Diskurs, der zeitlose Wahrheiten enthüllt, die Arjuna angesichts der größten Herausforderungen des Lebens Trost, Vernunft und Hoffnung bieten. Mit diesen Philosophien als Gründen bringt Krishna Arjuna dazu, sein Schicksal als Krieger zu akzeptieren, seine Entscheidung rückgängig zu machen und seine Armee in die Schlacht zu führen.

Mit dieser Geschichte soll Weisheitscode 7 in einen Kontext gestellt werden; es sind die Zeilen, die das erste von Krishnas philosophischen Argumenten darstellen. In diesem Teil seines Gesprächs erinnert Krishna Arjuna daran, dass aufgrund der unsterblichen Natur der Seele jeder in der bevorstehenden Schlacht ewig ist und entsprechend letztlich keiner der Krieger, die auf beiden Seiten der Schlacht kämpfen, ausgelöscht werden kann.

Nach dieser Erklärung unserer ewigen Natur verfeinert Krishna seine Argumentation durch eine Reihe von immer detaillierteren Offenbarungen: dass die Seele ewig ist und warum wir daraus abgeleitet ebenfalls ewig sein müssen. Durch diese Erklärung versichert er Arjunas Herz und Verstand, dass unabhängig vom Ausgang der bevorstehenden Schlacht alle Beteiligten auf beiden Seiten in irgendeiner Form überleben werden.

Die nachfolgenden wichtigen Auszüge aus Krishnas Argumentation sind im ursprünglichen Sanskrit-Text nicht aufeinander folgend geschrieben.

Wisse, dass das, was den gesamten Körper durchdringt, unzerstörbar ist. Niemand kann diese unvergängliche Seele zerstören.[2]

Die Seele kennt weder Geburt noch Tod. Sie ist nicht entstanden, entsteht nicht und wird nicht entstehen. Sie ist ungeboren, ewig, existiert immerdar und ist von Anfang an. Sie wird nicht getötet, wenn der Körper getötet wird.

Die Seele kann niemals von irgendeiner Waffe zerstückelt oder von Feuer verbrannt werden, noch wird sie je von Wasser benetzt oder vom Wind ausgetrocknet.[3]

Diese einzelne Seele ist unzerbrechlich und unauflöslich, sie kann weder verbrannt noch ausgetrocknet werden. Sie ist unvergänglich und überall gegenwärtig, unveränderlich, unbeweglich und ewig dieselbe.[4]

Arjuna hört Krishnas Enthüllungen aufmerksam zu und entdeckt dabei die wahre Natur der Seele, die Illusion dieser Welt und die Existenz einer größeren, letztendlichen Realität. Unter Berücksichtigung dieser neu gewonnenen Erkenntnisse erringt Arjuna eine neue Sichtweise der Schlacht und seiner Rolle darin. Er akzeptiert seine Rolle als Krieger innerhalb des umfassenderen Kontextes von Gut und Böse. Und aus seiner neuen Denkweise heraus führt er seine Armee, die aus dem Volk der Pandava besteht, auf der großen Ebene von Kurukshetra zum Sieg gegen ihre Vettern, die Kauravas. Der Rest ist, wie es so schön heißt, Geschichte.

Zwar können Historiker nicht alle in der Bhagavad Gita beschriebenen Einzelheiten verifizieren, aber archäologische Beweise deuten tatsächlich darauf hin, dass die Schlacht von Kurukshetra real stattgefunden hat. Wie Artefakte nahelegen, die mit den Beschreibungen in den Texten übereinstimmen, fanden die Kämpfe an dem Ort statt, den die Bhagavad Gita beschreibt – ein Ort, der heute noch in Indien als heilige Stätte verehrt wird.

Verwendung von Weisheitscode 7

Die Kraft der Weisheitscodes entfaltet sich, wenn sie immer wieder als Affirmation aufgesagt werden. Dadurch wird dem Unterbewusstsein ein Code eingeprägt. Erzeugen wir Herz-Gehirn-Harmonie, wie im Kapitel »Die Verwendung der Weisheitscodes« beschrieben (siehe Seite 21 ff.), haben wir sozusagen einen »heißen Draht« und können direkt mit dem Unterbewusstsein kommunizieren.

Rezitieren Sie den Code Zeile für Zeile aus einem Zustand der Herz-Gehirn-Harmonie heraus, entweder still im Geiste oder laut, bis Sie weniger Angst verspüren. Der Schlüssel liegt darin, diesen Code mit Fokus auf Gewahrsein, Atmung und Gefühl aus dem Herzen heraus – nicht allein mit dem Kopf – anzunehmen.

Die Seele wird nicht erschaffen
und vergeht auch nicht.
Sie ist ungeboren, ewig, unsterblich und zeitlos.
Sie wird nicht zerstört,
wenn der Körper zerstört wird.

NOTIZEN

Weisheitscode 8

DAS FRIEDENS-EVANGELIUM DER ESSENER

Eines Tages wird euer Körper
zur Erdenmutter zurückkehren,
sogar eure Ohren und eure Augen.
Aber der heilige Strom des Lebens,
der heilige Strom des Klangs
und der heilige Strom des Lichts –
sie wurden niemals geboren
und können niemals sterben.[1]

Einsatz:
Bei diesem Code geht es um die Urangst vor der Nichtexistenz und unsere Beziehung zu einer größeren Präsenz.

Quelle:
Das Friedens-Evangelium der Essener

500 Jahre vor der Geburt Jesu schloss sich eine geheimnisumwitterte Gruppe von Heiler-Gelehrten nahe dem heutigen Toten Meer im sogenannten Qumran-Gebiet zu Gemeinschaften zusammen. Die Gemeinschaft umfasste viele religiöse Sekten, darunter die Nazarener und die Ebioniten, Menschen, die gemeinsam unter dem Namen »Essener« bekannt sind. Während der Ursprung und das Wesen der Essener heute noch umstritten sind, hat es sie doch zweifellos gegeben. Einige der ersten Hinweise auf die Abstammung der Essener finden sich auf Tontafeln der alten Sumerer, die bis ins Jahr 3500 v.Chr. zurückreichen. Sie sind auch in historischen Schriften festgehalten, die von den römischen Gelehrten Flavius Josephus und Plinius dem Älteren aus dem 1. Jahrhundert stammen, wo die Essener als »eine eigene Rasse, bemerkenswerter als jede andere auf der Welt« bezeichnet werden; diese Manuskripte werden heute in Bibliotheken und Museen wie der Österreichischen Nationalbibliothek in Wien, dem British Museum in London und der Vatikanischen Bibliothek in Vatikanstadt aufbewahrt.

In fast allen großen Religionen der heutigen Welt, unter anderem in China, Tibet, Ägypten, Indien, Palästina, Griechenland und der Wüste des amerikanischen Südwestens, gibt es Elemente, die auf die ursprüngliche, von den Essenern bewahrte Weisheit zurückgeführt werden. Vor allem viele mystische Traditionen aus der westlichen Welt haben ihre Wurzeln in diesem Wissensschatz; als Beispiele sind hier Traditionen der Freimaurer, der gnostischen Christen und der Kabbalisten zu nennen. Der Weisheitscode 8 ist aus einer Sammlung von Essener-Texten abgeleitet, die vor dem Vormarsch der mongolischen Truppen zwischen 1299 und 1300 n.Chr. erst nach Palästina, dann in die Hände nestorianischer Priester in Asien und schließlich in die Vatikanische Bibliothek gelangten. Dort erhielt der Student und Gelehrte Edmond Bordeaux Székely in den frühen 1920er-Jahren für ein Forschungsprojekt Zugang zur Bibliothek. Im Zuge der Erforschung der Bibliothek für seine Dissertation entdeckte er das vergessene aramäische Evangelium der Lehren Jesu. Obwohl es ihm nicht erlaubt war, die Dokumente aus dem Vatikan zu entfernen, transkribierte er Auszüge und veröffentlichte sie später in der Buchreihe *Das Friedens-Evangelium der Essener.*[2]

Die Heilige Hochzeit

Die Lehre der Essener fokussiert sich auf die Grundprinzipien der Natur und die Naturgesetze. In der Sprache der damaligen Zeit legte diese geheimnisvolle Sekte, der auch die Schriftrollen vom Toten Meer zugeschrieben werden, ein Weltbild dar, das eine ganzheitliche Beziehung des Einsseins zwischen der Erde und unseren physischen Körpern beschreibt. Ihre beredten Worte sind poetische Erinnerungen daran, dass wir das Produkt einer heiligen Vereinigung sind – einer Hochzeit zwischen dem geheimnisvollen, ungeformten, ewigen Wesen der Seele und der physischen Materie dieser Welt.

Im Rahmen dieser Hochzeit sind wir Teil von all dem, was wir als unsere Welt betrachten, und eng mit ihr verwoben. Jeder Stein, jeder Baum, jeder Berg, jeder Fluss und jeder Ozean ist ein Teil von uns, wir sind ein Teil davon und, vielleicht am wichtigsten, wir sind durch diese Verbindung ein Teil voneinander.

Das Essener Friedens-Evangelium umfasst Aufzeichnungen der Lehren Jesu, in denen er die Beziehung zwischen unserer »Mutter Erde« und unserem »Vater im Himmel» beschreibt. Dem Text zufolge ist die Vereinigung, die uns das Leben schenkt, wie folgt entstanden: »Der Geist des Menschensohns wurde aus dem Geist des Himmelsvaters geschaffen, und sein Körper aus dem Körper der Erdenmutter.«[3]

Die Beschreibung des Lebens im Essener-Evangelium entspricht der Sichtweise in den bereits vorgestellten Weisheitscodes: Ein Teil von uns hat schon immer existiert und kann nicht geformt oder zerstört werden; er existiert ewig als der heilige Lebensstrom der Essener.

In einem anderen Abschnitt des Essener Friedens-Evangeliums wird unsere Beziehung zum heiligen Strom auf unmissverständliche Weise klargestellt:

Und ihr werdet eins sein
mit dem heiligen Strom des Lichts,
immer bevor ihr in den Armen
des himmlischen Vaters schlaft.[4]

Weisheitscode 8 hat eine zweifache Kraft. Zum einen erinnert er uns an die zeitlose und ewige Natur unseres Wesens; damit appelliert der Text sowohl an unser Herz als auch an unseren Intellekt, denn er sagt uns, warum wir nicht fürchten müssen, zu nichts zu werden und für immer unsere Existenz zu verlieren.

Zum anderen ist dieser Weisheitscode so wirksam, weil die Sichtweise der Essener jener der Bhagavad Gita, der heiligen Hieroglyphen aus ägyptischen Totenkulten, der vedischen Upanishaden und anderer spiritueller Traditionen der Welt entspricht. Jeder von uns lernt anders. Aufgrund unseres persönlichen kulturellen, familiären und religiösen Hintergrunds fühlen wir uns mit einer buddhistischen Perspektive womöglich wohler als mit einem hinduistischen Text bzw. wohler mit christlicher Literatur als mit den in die Felswand eines ägyptischen Grabes eingemeißelten Zeichen. Darin liegt die Schönheit von Weisheitscode 8. Auf direktem Wege und wie in einem Gespräch erinnert uns die Analogie menschlicher Eltern an die machtvolle Botschaft von unserer ewigen Natur.

Verwendung von Weisheitscode 8

Die Kraft der Weisheitscodes entfaltet sich, wenn sie immer wieder als Affirmation aufgesagt werden. Dadurch wird dem Unterbewusstsein ein Code eingeprägt. Erzeugen wir Herz-Gehirn-Harmonie, wie im Kapitel »Die Verwendung der Weisheitscodes« beschrieben (siehe Seite 21 ff.), haben wir sozusagen einen »heißen Draht« und können direkt mit dem Unterbewusstsein kommunizieren.

Rezitieren Sie den Code Zeile für Zeile aus einem Zustand der Herz-Gehirn-Harmonie heraus, entweder still im Geiste oder laut, bis Sie weniger Angst verspüren. Der Schlüssel liegt darin, diesen Code mit Fokus auf Gewahrsein, Atmung und Gefühl aus dem Herzen heraus – nicht allein mit dem Kopf – anzunehmen.

Eines Tages wird euer Körper
zur Erdenmutter zurückkehren,
auch eure Ohren und Augen.
Doch der Heilige Strom des Lebens,
der Heilige Strom des Klangs
und der Heilige Strom des Lichts
wurden niemals geboren
und können niemals sterben.

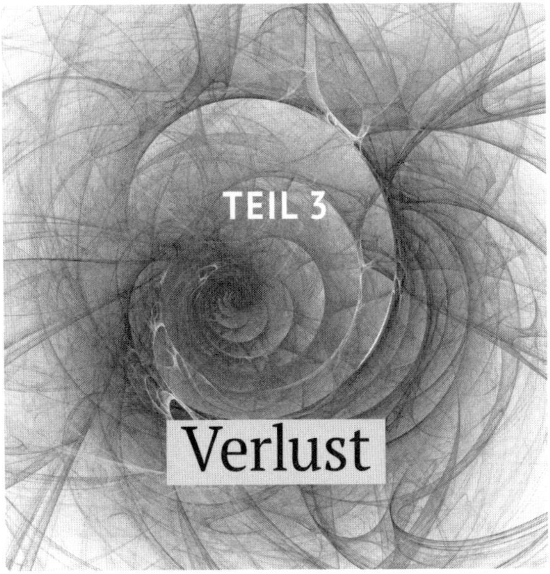

TEIL 3

Verlust

Der größte Verlust ist das,
was in uns stirbt,
während wir leben.

Norman Cousins,
politischer Journalist[1]

Verlust ist eine universelle Erfahrung. Verlust ist etwas Unvermeidliches und Unausweichliches, aber etwas Natürliches. An jedem Tag unseres Lebens verlieren wir alle etwas. Manchmal sind unsere Verluste subtil und fast unmerklich. Seit unserer Kindheit sehen wir zum Beispiel, wie der »Fortschritt« das Aussehen der Häuser, Straßen, Lebensmittelgeschäfte und Kinos, mit denen wir aufgewachsen sind, verändert. Die schrittweise Umgestaltung eines neuen Einkaufszentrums oder der Verlust unseres Lieblingscafés, das wir noch spät am Abend aufsuchen konnten, mögen zum jeweiligen Zeitpunkt unbedeutend erscheinen; doch zusammengenommen und im Rückblick betrachtet ist die aktuelle Version unseres Umfelds kaum mehr so, wie wir es von früher in Erinnerung haben.

Auch wenn unsere Logik uns sagt, dass eine solche Veränderung unseres Umfelds etwas ganz Natürliches ist, geben wir unseren Emotionen doch nur selten die Gelegenheit, aufzuholen und sich an die Veränderung anzupassen. In unserer Kultur wird von uns erwartet, dass wir einfach »mit dem Strom schwimmen« und die Veränderung annehmen. In Wahrheit brauchen wir jedoch Zeit, um uns anzupassen. Wir brauchen Zeit, um uns an die Leere zu gewöhnen, die der Verlust von vertrauten Dingen in unserem Leben und in unseren Herzen hinterlässt.

Der Verlust der gewohnten Umgebung bringt unsere alltäglichen Aktivitäten nur selten zum Stillstand; doch es gibt andere Arten von Verlust, z.B. den Verlust eines Kindes, eines Lebenspartners, eines Elternteils oder eines geliebten Freundes oder Kollegen. Selbst wenn wir im Voraus wissen, dass ein geliebter Mensch dabei ist, diese Welt zu verlassen, und wir auf den Verlust gefasst sind, kann keine Vorbereitung der Welt dem Schmerz Einhalt gebieten. Verlust tut weh. Der Schmerz ist sehr real, und gerade der Grund für den Schmerz macht diese Gruppe von Weisheitscodes so kraftvoll.

Warum Verlust wehtut

Wenn ein geliebter Mensch leibhaftig bei uns ist, erzeugen wir aus der Verschmelzung unseres Bewusstseins, unserer Wahrnehmung und unserer Gefühle füreinander eine Energie. Dieses sehr reale und messbare Energiefeld ist mehr als nur eine Metapher und resultiert aus den bioelektrischen, biomagnetischen und photonischen Feldern, die wir von den Zellen unseres Blutes, unserer Organe und unseres Gewebes aussenden. Wir kennen diese Energie als das Gefühl, das wir empfinden, wenn wir zum Beispiel den Geliebten oder eine liebe Freundin in einem Café zum Tee oder Kaffee treffen. Sobald wir sie erblicken, leuchten unsere Augen, wir haben ein strahlendes Lächeln im Gesicht und empfinden ein Kribbeln, wenn unsere Energie lebendig wird.

Und so wie ein Blech voller leckerer Schokokekse sowohl die Qualität als auch die Quantität der Zutaten widerspiegelt, die wir in die Mischung geben, offenbart das Funkeln, Lächeln, Leuchten und Kribbeln die ganz einzigartige Energie, die wir in der Gegenwart unserer Lieben erzeugen. Und *eben weil* dieses Energiefeld so sehr real ist, ist es so schmerzhaft, wenn es sich durch den Tod der geliebten Person auflöst. Verlieren wir einen geliebten Menschen, vergeht das von uns geschaffene Energiefeld, und zwar zwangsläufig, denn die Energie aus dem Körper, die es einst zusammenhielt, existiert nicht mehr.

So wie sich Wasser und Zucker zu einem flüssigen System vereinen, wenn wir sie zusammenfügen, so sind auch die in unseren emotionsbasierten Beziehungen von uns erzeugten Felder »flüssig« bzw. fließend und formbar. Ein Feld ändert sich mit unseren Stimmungen, dem Tempo und der Qualität der Kommunikation sowie der Tiefe des Vertrauens. Und wie sich das System von Zucker und Wasser zu verändern beginnt, wenn das Wasser verdunstet, so beginnt unsere Beziehungsenergie in Abwesenheit eines geliebten Menschen – besonders eines Verstorbenen – eine neue Form anzunehmen. Oft sagen Menschen, die darüber nachdenken, es fühle sich an, als sei ihnen etwas »weggerissen« worden, oder sie fühlen sich unvollständig und »leer«, wenn sie einen ihnen nahestehenden Menschen verlieren. Und das entspricht der Wahrheit! Die Leere ist real. Sie entsteht aus dem Verlust der Energie, die einst in der Gegenwart der abwesenden Person – manchmal sogar aus der Entfernung – erzeugt wurde.

Endlichkeit und Endgültigkeit annehmen

Es ist das Gefühl der Endgültigkeit bzw. Endlichkeit, das den Verlust in unserem Leben so stark macht. Verlieren wir einen geliebten Menschen, erkennen wir, dass der Körper, den wir einst berührt und gehalten, mit dem wir gelacht und geweint haben, nicht mehr existiert, und spüren diese Endgültigkeit. Unsere Sinne haben damit zu kämpfen, dass in einem Moment jemand mit uns in der Welt ist, die gleiche Luft atmet wie wir und mit uns all die Dinge teilt, die unsere Menschlichkeit ausmachen, und im nächsten Moment ist diese Person verschwunden. Wir sind direkt mit der emotionalen Endgültigkeit unseres Verlustes konfrontiert, der besagt, dass wir nie mehr dieselben sein werden.

Unsere Gefühle sagen uns die Wahrheit. Es ist buchstäblich unmöglich, jemals wieder dieselbe Person zu sein, denn der geliebte Mensch war ein Katalysator für einen Seinszustand, der so nicht mehr existiert. Die Ungeheuerlichkeit dieser Erkenntnis und inwieweit wir die Tiefe ihrer Bedeutung annehmen, bestimmen die Kraft, die wir in unserem Kummer finden werden. Sobald wir diese Tatsachen und ihre Bedeutung akzeptieren, befinden wir uns an einer Weggabelung und müssen uns für einen von zwei wirkmächtigen Wegen entscheiden.

Auf dem einen Weg leugnen wir unseren Kummer und versuchen, aus dieser Verweigerung heraus jeden Tag so zu leben, als wären wir immer noch dieselbe Person, die in derselben Welt lebt wie vor dem

Verlust des geliebten Menschen. Auf dem zweiten Weg nehmen wir unseren Kummer an und öffnen durch diese Akzeptanz das Tor zur Heilung, die der Kummer sozusagen vor unsere Haustür bringt. Durch die Bereitschaft, unseren Verlust anzunehmen, können wir heilen und gesunden.

Verlust als Lehrer der Liebe

Der griechische Philosoph Aristoteles stellte fest: »Die Natur verabscheut ein Vakuum.«[2] Seine Aussage basierte auf seiner Beobachtung, dass die Natur Leere für nicht allzu lange Zeit zulässt. Werden Bäume von einem Hang gerodet, wächst Gras nach. Wird Wasser aus einem Glas entfernt, füllt es sich mit Luft. Und das perfekte Gleichgewicht, das wir in unserem Leben zu erhalten versuchen, wird gestört durch das oberste Gebot der Natur, Bewegung und Veränderung zu schaffen. Die moderne Wissenschaft unterstützt die Beobachtung des Aristoteles. Wie beispielsweise die Gleichungen zur Beschreibung fraktaler Systeme bestätigen, weicht das Gleichgewicht dem Chaos auf der Suche nach einer höheren Ordnung. Genauso ist es mit dem Vakuum in unserem Leben, das durch den Verlust eines geliebten Menschen, der Eltern und Freunde entsteht. Neue Beziehungen blühen auf und wachsen, um diese Leere zu füllen.

Es besteht die unausgesprochene Möglichkeit, dass jeder von uns die Menschen und die Lebensweise verliert, die uns am meisten am Herzen liegen. Das ist unvermeidlich, weil nichts ewig währt. Aufgrund dieser Tatsache können wir ziemlich sicher davon ausgehen, dass wir in unserem Leben Verluste ebenso wie die daraus resultierende Trauer erleiden werden, aber auch einen Weg finden, von diesem Verlust zu genesen. Ob es sich um den Verlust eines Freundes oder eines geliebten Menschen handelt oder um den Verlust einer Gemeinschaft und einer ganzen Lebensweise – das Ergebnis ist dasselbe.

Trauer ist das Unterstützungssystem der Natur, das uns hilft, uns mit dem Verlust auszusöhnen und auf gesunde Art und Weise mit unserem Leben weiterzumachen. Und es ist auch der Weg der Natur, mit dem wir dazu gebracht werden, unsere Trauer und unseren Kummer zu spüren, wenn auch vielleicht nur widerwillig.

Die einzige Möglichkeit, von einem Verlust zu heilen, besteht darin, zu fühlen, was die Abwesenheit von etwas oder jemandem, das/den wir lieben, in unserem Leben bedeutet. Es gibt eine unmittelbare Beziehung zwischen dem emotionalen Trauma des Kummers und dem Maß an Kummer, das wir uns angesichts unseres Verlustes zugestehen: Je tiefer die Verletzung, desto stärker sind die Gefühle und desto tiefer müssen wir nach innen gehen und uns auf die Suche nach der Liebe machen, dank derer wir es schaffen, die Verletzung zu transzendieren. Durch unseren Kummer entdecken wir eine tiefere, manchmal überraschende Liebesfähigkeit.

Die Menschen der Antike hatten für sich Denkweisen gefunden, die ihnen das Fühlen und Trauern erleichterten. Auch diese Sichtweisen konnten nichts an der Quelle der tiefsten Verletzungen des Lebens ändern; sie konnten nicht an der Tatsache rütteln, dass Ehemänner im Kampf und Ehefrauen bei der Geburt starben und geheimnisvolle Krankheiten Freunde und geliebte Menschen in der Blütezeit des Lebens dahinrafften. Doch durch die Weisheitscodes ihrer jeweiligen Traditionen, die in ihrem Leben einen Platz hatten, erhielten die Menschen eine gesunde Sichtweise, dank derer sie es schafften, die erlittenen Verluste zu überwinden.

Eine Reise allein

Durch die Trauer, die auf den Verlust folgt, erleben wir vorübergehend einen emotionalen und physiologischen Schock. Selbst wenn wir von wirklich guten Freunden und Lieben umgeben sind und Unterstützung erhalten, müssen wir die Herausforderung der

Trauer und des Kummer doch letztlich allein bewältigen. Niemand kann uns unsere Trauer abnehmen. Trauer ist eine Reise, die wir alleine unternehmen müssen.

Diese Reise führt uns oft auf ein inneres Schlachtfeld, auf dem wir gegen uns selbst kämpfen und wo wir widersprüchliche Emotionen erleben und das Gefühl haben, leer, taub und isoliert zu sein.

Mit unseren widersprüchlichen Emotionen gehen die scheinbar endlosen Fragen einher, die sich in unserem Kopf drehen, zum Beispiel: »Wird es mir jemals wieder besser gehen? Was mache ich denn jetzt? Warum passiert so etwas?«

Es gibt eine Stärke, die man nur angesichts von Verlust und Kummer kennenlernen kann. Und mit dieser Stärke geht eine Belohnung einher: persönliche Meisterschaft auf den tiefsten Ebenen des Lebens.[3]

Weisheitscode 9

OTAGAKI RENGETSU

**Ich fühle immer wieder die Vergänglichkeit
dieser sich im Fluss befindlichen Welt.
Am schwierigsten ist es,
jene Person zu sein, die zurückgelassen wird.[1]**

Einsatz:
Dieser Code ruft uns in Erinnerung, dass der Verlust eines geliebten Menschen eine der größten Herausforderungen für uns darstellt, selbst wenn wir wissen, dass alles vergänglich ist.

Quelle:
Otagaki Rengetsu, berühmte buddhistische Nonne

Das Prinzip der Vergänglichkeit erkennt an, dass wir in einer dynamischen Welt des ständigen Wandels leben, und gerade weil nichts statisch ist, können wir nicht erwarten, dass etwas ewig währt.[2]

Verlust aus buddhistischer Sicht

Um bei einem Verlust unser Leid zu mildern, laden uns die buddhistischen Unterweisungen ein, unseren Schmerz im Rahmen eines umfassenderen Kontextes, eines universellen Musters der menschlichen Erfahrung zu betrachten – der sogenannten *Drei Merkmale des Daseins*[3]:

- Vergänglichkeit
- Leiden
- Das Nicht-Selbst

Kurz gesagt ist es so: Wenn wir leiden, ist die Ursache unseres Schmerzes die Anhaftung an unsere Erwartung, dass etwas oder ein Ort oder jemand weiterhin wie von uns erwartet existiert. Das dritte Daseinsmerkmal, das Annehmen des Nicht-Selbst, ist die Lösung, anhand derer wir unser Leiden transzendieren können. Das Nicht-Selbst wird definiert als Zustand der Erleuchtung, der durch das Loslassen unserer persönlichen Identität – des Ego-Selbst – erlangt wird; an seiner Stelle gewinnen wir eine größere, allumfassende Identität. In dieser erweiterten Identität betrachten wir uns als Teil der Welt um uns herum und nicht als getrennt davon. Nehmen wir diese achtsamere Version unserer selbst an, werden wir vom Leiden befreit, das sich aus der Anhaftung ergibt.

Sichtweise einer buddhistischen Nonne

Die buddhistischen Lehren verweisen normalerweise auf die Worte und Heilmittel des Buddha selbst, wenn es darum geht, das Leid durch den Verlust eines geliebten Menschen zu heilen. Weisheitscode 9 bietet uns etwas anderes. Der Code ist zwar fest in der buddhistischen Philosophie verwurzelt, doch er erinnert uns nicht nur daran, dass wir in einer Welt der Vergänglichkeit und des Leidens leben, sondern geht darüber hinaus. Er erkennt diese Wahrheiten an und lädt uns gleichzeitig ein, noch tiefer einzutauchen und eine innigere, ausschließlich menschliche Dimension unseres erlittenen Verlustes anzunehmen.

Dieser Weisheitscode wird Otagaki Rengetsu, einer 1791 geborenen buddhistischen Nonne, zugeschrieben. Rengetsu wurde nicht nur später in ihrem Leben Nonne, sondern war auch eine bekannte Töpferin, Kalligrafin und angesehene Malerin sowie eine der großen Dichterinnen des 19. Jahrhunderts. Das Gedicht entstammt dem Buch *Rengetsu: Life and Poetry of Lotus Moon,* das von dem Übersetzer John Stevens zusammengestellt wurde.

Weisheitscode 9, ein Beispiel für die Arbeit von Otagaki Rengetsu, fasst zwei der grundlegenden buddhistischen Prinzipien zusammen. Bei näherer Betrachtung zeigt sich die erlesene Bedeutung und prägnante Kraft dieses Weisheitscodes.

Der erste der beiden Verse beruht auf traditionellem buddhistischem Denken und ruft uns die vergängliche Natur aller Dinge in Erinnerung:

Ich fühle immer wieder die Vergänglichkeit
dieser sich im Fluss befindlichen Welt.

Doch außer dieser Feststellung der Unbeständigkeit des Lebens verrät die Dichterin, warum sie immer wieder Auswirkungen des Verlustes spürt: Alles – egal wie alt, wie verlässlich, wie langfristig es ist oder wie sehr es geliebt wird – ist nun einmal bestenfalls etwas Temporäres, das vergeht. Und genau deswegen, wegen dieser Vergänglichkeit von allem, auch der von uns geliebten Menschen, erlebt Rengetsu, wie sie uns mitteilt, die Vergänglichkeit »immer wieder«.

So geht es uns allen. Sooft wir unter der durch unseren Verlust entstandenen Leere leiden, werden wir an eine universelle Gewissheit erinnert: Wir leben in einer Welt, in der nichts ewig währt.

Im zweiten Vers weicht Rengetsu von der traditionellen buddhistischen Objektivität eines Beobachters ab und geht darauf ein, wie ein Mensch dies als Erfahrender erlebt. Wenn sie sagt, was die Vergänglichkeit, die sie erlebt, für sie auf einer sehr persönlichen Ebene bedeutet, bringt sie ein universelles Gefühl zum Ausdruck:

Am schwierigsten ist es,
jene Person zu sein, die zurückgelassen wird.

Hier ist zu spüren, dass sie aus der Wahrheit der persönlichen Erfahrung heraus – und zugleich für uns alle gemeinsam – spricht. Selbst wenn wir wissen, dass nichts ewig währt, ist doch der schwierigste Teil der Reise des Verlustes das Zurückgelassenwerden, wenn die von uns geliebten Menschen aufgrund ihrer Vergänglichkeit von uns gehen.

Die Kraft dieses Weisheitscodes besteht darin, dass wir durch das Ausdrücken der tiefen Wahrheit über unseren Verlust unseren inneren Schmerz anerkennen. Und genau dadurch befreien wir uns aus unserem emotionalen Gefängnis und setzen gleichzeitig unsere Heilung in Gang.

Verwendung von Weisheitscode 9

Die Kraft der Weisheitscodes entfaltet sich, wenn sie immer wieder als Affirmation aufgesagt werden. Dadurch wird dem Unterbewusstsein ein Code eingeprägt. Erzeugen wir Herz-Gehirn-Harmonie, wie im Kapitel »Die Verwendung der Weisheitscodes« beschrieben (siehe Seite 21 ff.), haben wir sozusagen einen »heißen Draht« und können direkt mit dem Unterbewusstsein kommunizieren.

Rezitieren Sie den Code Zeile für Zeile aus einem Zustand der Herz-Gehirn-Harmonie heraus, entweder still im Geiste oder laut, bis Sie weniger Kummer verspüren. Der Schlüssel liegt darin, diesen Code mit Fokus auf Gewahrsein, Atmung und Gefühl aus dem Herzen heraus – nicht allein mit dem Kopf – anzunehmen.

Ich fühle immer wieder die Vergänglichkeit
dieser sich im Fluss befindlichen Welt.
Am schwierigsten ist es,
jene Person zu sein, die zurückgelassen wird.

NOTIZEN

Weisheitscode 10

BUDDHA

**Du verlierst nur das,
woran du festhältst.**

Einsatz:
Dieser Code erinnert uns daran, dass unsere Anhaftung an etwas Unbeständiges das Leid verursacht, das wir angesichts eines Verlustes empfinden.

Quelle:
Eine weit verbreitete, umgangssprachliche Zusammenfassung des buddhistischen Prinzips der Nichtanhaftung[1]

Von der DNA in unseren Zellen und den Beziehungen in unserem Leben bis hin zu den Gesellschaften, in denen wir leben, sind wir Teil eines lebendigen Universums, das ständig in Bewegung ist, erscheint, verschwindet und dynamische Veränderungen bewirkt. Der Buddhismus erinnert uns daran, dass unsere Erfahrung des Verlustes darauf zurückzuführen ist, wie wir das Leben, unsere Umwelt und Beziehungen im Rahmen dieses Wandels wahrnehmen. Wie wir in Teil 2 – »Angst« – herausgefunden haben, ist es unmöglich, dass etwas wirklich verschwindet, also nicht mehr existiert, zum Beispiel durch Auslöschung. Bei dem Gefühl, jemanden oder etwas verloren zu haben, geht es nicht so sehr darum, dass sie aus der Welt verschwunden sind, als vielmehr um unsere *Wahrnehmung* ihres Verschwindens.

Unsere Beziehungen im Leben sind ein Tanz der Energie, zeitlos und beständig. Und unsere »Tanzpartner« führen uns manchmal bewusst, oft auch unbewusst dazu, unsere höchste Bestimmung zu erreichen oder in den Tiefen unseres Schicksals zu versinken. Es geht hier besonders darum, dass die Vereinbarung auf Synergien beruht, die sich in einem bestimmten Moment überlappen. Unsere Erwartung, dass die Synergie während der gesamten Zeit unverändert bestehen bleibt – also unsere Anhaftung an die vermeintlich dauerhafte Natur der Harmonie –, bewirkt unser Leiden, wenn dem nicht so ist.

Ausgewogenheit versus Harmonie

Es ist ausnahmslos immer so: Gerade wenn man meint, man hätte sein Leben perfekt ausgewogen gestaltet, wenn man auf der Liste im Kopf alles virtuell abgehakt hat – die perfekte Beziehung, den perfekten Job, das perfekte Zuhause und den perfekten Wirtschaftsplan für die Zukunft –, taucht etwas scheinbar aus dem Nichts auf und verändert alles. Das mag uns überraschen, aber für Mutter Natur kommt es keineswegs überraschend.

Wie wir schon gesehen haben, ist das, was wir als Gleichgewicht oder Ausgewogenheit erleben, ein vorübergehender Zustand der *Harmonie* in einer Welt ständigen Wandels.[2] Es gibt einen starken Unterschied zwischen Ausgewogenheit und Harmonie. In einem System des perfekten Gleichgewichts kann nichts passieren. Nichts kann sich bewegen, nichts kann sich verändern, denn in einem perfekten Gleichgewicht gibt es keine Veränderung. Aus genau diesem Grund tritt Gleichgewicht nur selten auf, und wenn doch, dann ist es flüchtig. Die Natur ist dynamisch. Wird in einem System in der Natur ein Gleichgewicht erreicht, löst genau dieses Gleichgewicht Veränderungen in diesem System aus.

Zum Beispiel werden Ökosysteme nicht durch ein ausgewogenes Verhältnis von Wildtieren aufrechterhalten. In einem Wald gibt es selten ein perfektes Gleichgewicht zwischen Raubtieren und Beutetieren. Das geht einfach nicht – die Größe, der Aufenthaltsort und die Widerstandsfähigkeit verschiedener Populationen ändern sich ständig. Vielmehr strebt die Natur nach *Harmonie* im System. Es ist die wechselnde *Harmonie* zwischen Kojoten und Kaninchen oder Vögeln und Insekten, die die Populationen in Grenzen hält, auch wenn sich ihre relative Größe ständig ändert. Durch das Ungleichgewicht im System werden Veränderungen ausgelöst.

Auch beim Gleichgewicht, das wir, wie wir meinen, im Leben anstreben, geht es wahrscheinlich eher um Harmonie: Harmonie zwischen Familie und Beruf, Harmonie zwischen Freizeit und Arbeit und Harmonie zwischen Partnerschaften und Freunden. Und der Schlüssel zur Harmonie besteht darin, Platz für Veränderungen im Leben zu schaffen. Dieses Prinzip ist das Grundthema von Weisheitscode 10; er spiegelt eine traditionelle buddhistische Denkweise wider.

Weisheitscode 10: die Quelle

Weisheitscode 10 wird oft als direktes Zitat des Buddha bezeichnet, doch das stimmt nicht. Obwohl der Wortlaut dieses Codes die Lehren Buddhas stützt, gibt es nach meinem besten Wissen kein Buch, kein Kapitel und keinen Vers aus einem alten Sanskrit-Text, in dem diese Worte stehen. Vielmehr ist Weisheitscode 10 eine häufig verwendete Kurzfassung des buddhistischen Prinzips der Nichtanhaftung und dessen Bedeutung in Zeiten des Verlustes. Dieser Code bietet eine neue Sichtweise auf das Thema »Verlust« und die Art und Weise, wie wir das durch Verlust verursachte Leiden durch die drei in Weisheitscode 9 beschriebenen *Daseinsmerkmale* heilen können.

Zusammengefasst bringt das *erste Daseinsmerkmal* unmittelbar die Vergänglichkeit von allem zum Ausdruck und erinnert uns, dass alle Dinge, alle Menschen und alle Beziehungen vorübergehender Natur sind. Das *zweite Daseinsmerkmal* besagt direkt, dass unser Leiden durch unsere Anhaftung an Menschen, Beziehungen und Umstände verursacht wird, die von Natur aus vergänglich sind. Und das *dritte Daseinsmerkmal* ist implizit eine Schlussfolgerung aus den ersten beiden Merkmalen und die Quelle der Kraft und Heilung, die uns Weisheitscode 10 ermöglicht.

Das dritte Daseinsmerkmal ist als *Lehre vom Nicht-Selbst* (*Anatman* in Sanskrit) bekannt und besagt, dass der Schlüssel zur Heilung in unserer Zeit des Verlustes darin besteht, den Aspekt unseres Selbst aufzugeben, der das Leiden erfährt: das Ego-Selbst, das will, dass unsere Freundschaften, Beziehungen, Familien und Lebensumstände statisch bleiben. Das erreichen wir, indem wir den größeren Ausdruck unseres Selbst als Nicht-Selbst annehmen. In dieser neuen und erweiterten Identität sehen wir uns als Teil der Welt um uns herum und nicht als getrennt von ihr. Als Teil all dessen, was wir kennen und erfahren, ist es unmöglich, wirklich etwas zu verlieren.

Von zwei Illusionen geheilt werden

Indem wir die achtsamere Version unserer selbst annehmen, die im dritten Daseinsmerkmal genannt wird, heilen wir uns von zwei Illusionen: 1. dass wir jemals wirklich eine andere Person, einen Ort, ein Haustier oder das Land, auf dem wir leben, »besitzen«; und 2. unsere Gewohnheit, uns an jemanden oder etwas als festen Bestandteil unseres Lebens zu klammern. Damit verändern wir, was die Verlusterfahrung für uns bedeutet, und geben dem durch den Verlust verursachten Leiden letztlich eine neue Bedeutung.

Um es ganz klar zu sagen: Dieser Weisheitscode ist keine Einladung, den Verlusten, die wir in unserem Leben unweigerlich erfahren werden, gleichgültig gegenüberzustehen. Es geht nicht darum, den Schmerz, den wir durch den Verlust eines Freundes, eines Haustiers oder eines geliebten Menschen empfinden, zu ignorieren oder in irgendeiner Weise zu leugnen, sondern darum, die Last unserer Verluste zu erleichtern.

Die Kraft von Weisheitscode 10 besteht darin, dass er uns einen Grund gibt, anders über die Menschen, Orte und Dinge zu denken, die von uns gehen. Dieses Verlassen können wir nicht ändern. Erleben wir einen Verlust, haben wir zwei Möglichkeiten: Entweder wir bleiben in dem Gefühl stecken, dass da etwas verkehrt sei, dass wir versagt hätten und dass der Verlust eine Tragödie sei, oder wir nehmen unseren Verlust an und lassen die Heilung zu, die notwendig ist, um die Leere zu füllen.

Verwendung von Weisheitscode 10

Weisheitscode 10 ist eine formlose Aussage, die uns an die Quelle unseres Leidens in Zeiten des Verlustes erinnert, sowie an das Heilmittel, mit dem wir unser Leiden transzendieren können. Die Kraft der Weisheitscodes entfaltet sich, wenn sie immer wieder als

Affirmation aufgesagt werden. Dadurch wird dem Unterbewusstsein ein Code eingeprägt. Erzeugen wir Herz-Gehirn-Harmonie, wie im Kapitel »Die Verwendung der Weisheitscodes« beschrieben (siehe Seite 21 ff.), haben wir sozusagen einen »heißen Draht« und können direkt mit dem Unterbewusstsein kommunizieren.

Rezitieren Sie den Code Zeile für Zeile aus einem Zustand der Herz-Gehirn-Harmonie heraus, entweder still im Geiste oder laut, bis Ihre Trauer und Ihr Kummer über den Verlust schwinden. Sie können entweder die ursprüngliche Vorlage (Du-Anrede) oder die personalisierte Vorlage (Ich-Form) verwenden. Der Schlüssel liegt darin, diesen Code mit Fokus auf Gewahrsein, Atmung und Gefühl aus dem Herzen heraus – nicht allein mit dem Kopf – anzunehmen.

Die ursprüngliche Vorlage des Weisheitscodes:

Du verlierst nur das,
woran du festhältst.

Die personalisierte Vorlage des Weisheitscodes:

Ich verliere nur das,
woran ich festhalte.

NOTIZEN

Weisheitscode 11

PAVAMANA MANTRA

Führe mich vom Unwirklichen zum Wirklichen.
Führe mich vom Dunkel ins Licht.
Führe mich vom Tod zur Unsterblichkeit.
Frieden, Frieden, Frieden.[1]

Einsatz:
Bei diesem Code handelt es sich um einen Gesang bzw. ein Mantra, das uns bei Verlust und Trauer Hilfe gewährt.

Quelle:
Brihadaranyaka Upanishad

Seit fast 3000 Jahren sind die alten Upanishaden eine wichtige Quelle des Trostes, der Heilung und der Weisheit in der hinduistischen Tradition. Die Kraft dieser Texte und die Heilung, die sie uns in Zeiten des Verlustes bieten, stecken bereits im Namen dieser Texte. Im Sanskrit bedeutet das Wort *Upanishad* »nahe sein« *(upa)* und »sitzen« *(ni-sad),* was wörtlich die Art und Weise widerspiegelt, wie die vedische Weisheit ursprünglich vorgetragen wurde – denjenigen, die in Gegenwart eines Meisters sitzen.

Diesen Texten wird seit fast drei Jahrtausenden unter anderem deshalb eine so hohe Wertschätzung entgegengebracht, weil es sich nicht um eine Doktrin strukturierter Informationen aus einer unsichtbaren und außerweltlichen Quelle handelt, sondern sie die Weisheit widerspiegeln, die von gelehrten Lehrern gesammelt wurde – Mitmenschen, die über reale Erfahrungen und ihr persönliches Leben sprechen.

Der Weisheitscode 11, das *Pavamana Mantra,* steht in der Brihadaranyaka, einer der wichtigsten Upanishaden, und ist eine Abhandlung über das hinduistische Konzept des *atman* – der Seele oder des Selbst. Laut John Campbell, einst Professor für Religionswissenschaften an der Universität von Virginia, spricht dieses Mantra von der »Transformation des Individuums und seiner Umwelt«[2]. Und genau darum geht es bei der Heilung von persönlichen Verlusten.

Angesichts des emotionalen Vakuums, das durch den Verlust von etwas oder jemand Geliebtem entsteht, werden wir verändert. Wir werden in der Welt nicht mehr dieselbe Person sein, die wir im Moment vor dem Verlust waren. Das können wir nicht, denn die Formel, die die Welt, wie wir sie kannten, definierte und zu der auch der von uns geliebte Mensch gehörte, hat sich gewandelt. In dieser Veränderung steckt unser Kampf. Und in der Auflösung unseres Kampfes entdecken wir unsere neue Identität. Hier kann der Weisheitscode 11 ein mächtiger Katalysator für unsere Heilung sein. Ein genauerer Blick auf diesen Gesang und die Bedeutung jeder Aussage liefert die Schlüssel, die uns helfen, die Kraft dieser vedischen Weisheit in Zeiten des Verlustes zu erkennen und anzunehmen.

Zeile 1: *Führe mich vom Unwirklichen zum Wirklichen.*
Diese Zeile lädt den Leser (Sänger) des Mantras ein, die tiefste Wahrheit der illusorischen Natur des Lebens – der Unwirklichkeit – zuzulassen, um dem Platz zu machen, was, wie unser Herz bereits weiß, die reale, aber vergängliche Natur der Welt, unserer Umwelt und des Lebens unserer Lieben ist.

Zeile 2: *Führe mich vom Dunkel ins Licht.*
Diese Zeile ruft uns in Erinnerung: So wie die Illusion (das Unwirkliche) der wahren Natur der Welt (dem Wirklichen) Platz macht, so weichen auch die Dunkelheit und das Leiden, welches unsere Verluste verursachen, der Akzeptanz und Heilung (dem Licht) der wahren Natur unserer Essenz.

Zeile 3: *Führe mich vom Tod zur Unsterblichkeit.*
Mit diesem Satz erreichen wir das Ende einer Stufenleiter, die mit der ersten Aussage ihren Anfang nahm, und – aufsteigend – eine tiefere und persönlichere Heilung. Die Sequenz führt uns von der Makrosicht des Kosmos und des Wesens der Realität über die alltäglichen Komponenten der Dunkelheit und des Lichts, die der Realität dieser Welt Energie verleihen, hin zu einer persönlichen Mikrosicht von Licht und Dunkel in unserem Leben, ausgedrückt als Tod und Unsterblichkeit.

Zeile 4: *Frieden, Frieden, Frieden.*
Mit dieser Aussage wird der Gesang zum Abschluss gebracht und sein Ziel genannt. Im Englischen wie auch im Deutschen gibt es keine exakten, wortwörtlichen Übersetzungen für Sanskrit-Begriffe. *Shaantih*, das ursprüngliche Schlusswort dieses Gesangs, bedeutet »Frieden«, aber auch »Stille«, »Ruhe« oder »Gelassenheit«. All diese Bedeutungen spiegeln das Ziel wider, nämlich die Verluste des Lebens zu akzeptieren und seinen Frieden damit zu machen.

Verwendung von Weisheitscode 11

Die Kraft der Weisheitscodes entfaltet sich, wenn sie immer wieder als Affirmation aufgesagt werden. Dadurch wird dem Unterbewusstsein ein Code eingeprägt. Erzeugen wir Herz-Gehirn-Harmonie, wie im Kapitel »Die Verwendung der Weisheitscodes« beschrieben (siehe Seite 21 ff.), haben wir sozusagen einen »heißen Draht« und können direkt mit dem Unterbewusstsein kommunizieren.

Rezitieren Sie den Code Zeile für Zeile aus einem Zustand der Herz-Gehirn-Harmonie heraus, entweder still im Geiste oder laut, bis Sie weniger Kummer verspüren. Der Schlüssel liegt darin, diesen Code mit Fokus auf Gewahrsein, Atmung und Gefühl aus dem Herzen heraus – nicht allein mit dem Kopf – anzunehmen.

Manche Menschen erfahren beim Rezitieren von Mantras aus den Upanishaden im originalen Sanskrit noch mehr Heilung. Nachfolgend wird der gesamte Code zunächst in Deutsch und dann in Sanskrit aufgeführt.

Deutsche Übersetzung:

Führe mich vom Unwirklichen zum Wirklichen.
Führe mich vom Dunkel ins Licht.
Führe mich vom Tod zur Unsterblichkeit.
Frieden, Frieden, Frieden.

Ursprünglicher Wortlaut in Sanskrit:[3]

Om Asato Maa Sad-Gamaya.
Tamaso Maa Jyotir-Gamaya.
Mrtyor-Maa Amrtam Gamaya.
Om Shaantih Shaantih Shaantih.

NOTIZEN

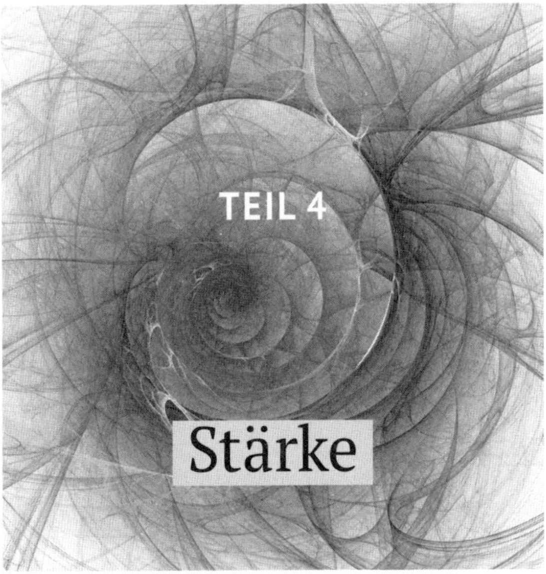

Wende dich jeden Tag nach innen
und finde innere Stärke,
sodass die Welt
deine Kerze nicht ausblasen kann.

Katherine Dunham,
Anthropologin und Tänzerin[1]

Mit den folgenden Worten offenbarte ein geheimnisvoller Mönch die große Quelle der Kraft, die auf jeden von uns wartet, wenn wir unser inneres Potenzial für emotionale Stärke annehmen:

Du hast jetzt herausgefunden,
unter welchen Bedingungen dein Herzenswunsch
zur Realität deines Seins werden kann.
Bleibe hier, bis du eine *Kraft* in dir gewinnst,
die durch nichts zerstört werden kann.

Der Schüler, der diese Botschaft erhielt, war Georgi Iwanowitsch Gurdjieff (1866–1949), ein Forschungsreisender und Mystiker, auch einfach unter dem Namen Gurdjieff bekannt. Sein Lehrer war Mitglied der geheimnisumwitterten Sarmoung-Bruderschaft, einer legendären mystischen Sekte, die Gurdjieff tief in den Gebirgen Zentralasiens aufspürte.[2] Die Bedingungen, die der Lehrer beschrieb, sind einerseits die uns allen zur Verfügung stehende Kraft *innerer Stärke* und andererseits die *Wahl,* die Gurdjieff traf, nämlich auf diese Kraft zuzugreifen, um sein höchstes Potenzial zu verwirklichen.

Entscheidung und innere Stärke

Zwischen unserer inneren Stärke und dem Akt des Wählens bzw. Entscheidens besteht eine direkte Beziehung; sie erinnert uns daran, dass wir unabhängig von den Herausforderungen in unserem Leben immer die Macht haben, zu wählen, wie wir auf das reagieren, was uns das Leben so vor die Nase setzt. Die Kraft unserer Entscheidungen ist die Quelle unserer inneren Stärke. Ohne diese Kraft fühlen wir uns ganz schnell festgefahren, hilflos und in unseren Umständen gefangen.

Bevor sich Gurdjieff auf seinen lange gesuchten mystischen Weg machen konnte, um seine tiefen Stärken zu offenbaren, musste sich sein Denken verändern. Erstens musste er sich dafür entscheiden, sein aktuelles Glaubenssystem aufzugeben und stattdessen das Wissen anzunehmen, das ihm die Sarmoung-Bruderschaft enthüllte. Zweitens musste er die Entscheidung treffen, dieses Wissen zu einer Weisheit werden zu lassen, die seinem Leben Richtung gab. Dadurch setzte Gurdjieff die zwei womöglich größten, aber vielleicht auch am wenigsten verstandenen Kräfte um, die wir Menschen erfahren können: die Kräfte der Entscheidung und des freien Willens, die eng zusammenhängen und Hand in Hand gehen; so werden sie zur Quelle unserer inneren Stärke.

Freier Wille: Illusion oder Realität?

Laut modernen wissenschaftlichen Forschungen ist der freie Wille eine einzig dem Menschen vorbehaltene Erfahrung. Unseres Wissens hat keine andere Lebensform auf der Erde die Fähigkeit, verfügbare Optionen zum jeweiligen Zeitpunkt gegeneinander abzuwägen und zu fragen: »Was wäre, wenn…?«, um die Auswirkungen dieser Optionen zu berücksichtigen und dann auf Basis dieser Überlegungen eine der Möglichkeiten auszuwählen. Ganz offensichtlich ist die Entscheidungsfähigkeit ein wichtiges Merkmal des Menschen und auch der Schlüssel zu höchster Meisterschaft.

Im Rahmen dieses Abschnitts verstehe ich unter *freiem Willen* unsere Fähigkeit, in einer bestimmten Situation aus unzähligen Möglichkeiten eine davon auszuwählen und sie dann umzusetzen. In diesem Zusammenhang üben wir unseren freien Willen aus, indem wir in jedem Augenblick eines jeden Tages in unserem Leben Entscheidungen treffen: welche Lebensmittel wir auswählen, um unseren Körper zu ernähren; wie wir über andere Menschen denken und sie behandeln; wie wir uns von anderen behandeln lassen; inwiefern wir anderen bedingungslose Liebe schenken und/oder die uns zuteilwerdende Liebe annehmen. Das Thema der Entscheidungs- bzw. Wahlfreiheit und wie viel Wahl wir im Leben wirklich haben, war schon immer und ist auch heute noch die Quelle hitziger Debatten in akademischen und philosophischen Kreisen.[3]

Eine wissenschaftliche Richtung behauptet, wir hätten eigentlich überhaupt keinen freien Willen. Verfechter dieser Denkschule gründen ihre Meinung auf Belege, die darauf hinweisen, dass das Universum durch den Urknall entstand. Ursprünglich sei sämtliche Materie in einem Augenblick der Singularität miteinander verbunden gewesen, und die von dieser Singularität ausgehende Ausdehnung dauere auch heute noch an; somit seien Aktivitäten und Intentionen jeglicher Materie im Universum durch die Vorfälle bestimmt, die innerhalb von Sekundenbruchteilen nach dem Urknall in Gang gesetzt wurden. Es *scheine* nur so, als ob wir einen freien Willen hätten, weil uns in jedem Moment so viele Optionen offenstehen, dass es uns wahrscheinlich nie an Wahlmöglichkeiten mangeln wird und wir das Gefühl haben, diese Wahlmöglichkeiten seien unbegrenzt und unzählig.

Laut einer anderen wissenschaftlichen Denkrichtung leben wir nicht in einem deterministischen, geordneten Universum, das im Augenblick seiner Entstehung in Bewegung versetzt wurde, sondern in einem chaotischen Universum. So betrachtet gibt es keine universelle Ordnung, und unsere Wahl- und Entscheidungsmöglichkeiten sind wahrhaft willkürlich und unendlich im Rahmen der physikalischen Gesetzmäßigkeiten, die unsere physische Welt regieren.

Für beide Perspektiven gibt es wissenschaftliche Belege; sie näher zu erforschen würde den Rahmen dieser kurzen Einführung zu Teil 4 sprengen. Deshalb benutze ich den Ausdruck *»freier Wille«*, um unsere Entscheidung zu beschreiben, einer Handlungsweise im Rahmen dessen zu folgen, was gemäß unserem Wissen in der jeweiligen Situation möglich ist. Erkennen wir die Existenz der Wahl- und Entscheidungsfreiheit und des freien Willens sowie ihrer Rollen in unserem Leben an, stellt sich die Frage: Wie nutzen wir diese Kräfte? Genau darum geht es in den nächsten drei Weisheitscodes.

Weisheitscode 12

DAS GEBET DER SCHÖNHEIT

Die Schönheit, mit der du lebst,
die Schönheit, durch die du lebst,
die Schönheit, auf die du dein Leben gründest.

Einsatz:
Dieser Code ruft uns in Erinnerung, dass Schönheit in allen Dingen existiert. Unsere Aufgabe besteht darin, die Schönheit in der Erfahrung des Lebens zu finden.

Quelle:
Eine informelle Version eines alten Navajo-Gebets[1]

Vor 400 Jahren wurden die großen Weisheitsbewahrer *(Diné)* der Navajo-Familien in den Hochwüsten des amerikanischen Südwestens angesichts der klimatischen Extreme, der Elemente und der kriegführenden Stämme um sie herum großen Prüfungen unterzogen. Wegen der Nöte aufgrund von Dürren, großer Hitze und mangelnder Nahrung erkannten die Navajo die Notwendigkeit, die Kraft ihres *inneren* Schmerzes zu transformieren, um die rauen Bedingungen ihrer *äußeren* Welt aushalten und transzendieren zu können. Ihr Überleben hing davon ab.

Die Erkenntnis, wie sehr die Prüfungen des Lebens sie in die tiefsten Tiefen ihres Leidens stürzten, ließ sie auch erkennen, dass eben diese Prüfungen ihnen ihre größten Stärken offenbarten.

Der Schlüssel zum Überleben bestand darin, sich voll und ganz auf die Herausforderungen des Lebens einzulassen, anstatt zu versuchen, sie zu vermeiden, und zwar ohne sich in der Erfahrung zu verlieren. Sie mussten die emotionalen Anker in sich finden – die Kernüberzeugungen, die ihnen die nötige Stärke verliehen, um die Prüfungen auszuhalten – und das Wissen, dass bessere Tage kommen würden. Aus dieser inneren Kraft heraus hatten sie das Vertrauen, Risiken einzugehen und Veränderungen umzusetzen, um in ihrer sich verändernden Welt zu überleben und zu gedeihen.

Einen emotionalen Anker finden

Das Leben in unserer heutigen Zeit ist womöglich gar nicht so anders als das Leben der Ureinwohner, die vor langer Zeit die Hochwüsten Nordamerikas durchstreiften. Auch wenn sich die Szenerie und die Umstände geändert haben, geraten auch wir in Situationen, die unsere Überzeugungen in ihren Grundfesten erschüttern, uns an die Grenzen dessen bringen, was wir ertragen können, und uns herausfordern, über das, was uns verletzt hat, hinauszuwachsen.

Von den ständig laufenden Nachrichten im Fernsehen, die uns rund um die Uhr mit weltweiten Tragödien und den Auswirkungen des Klimawandels bombardieren, bis hin zu nicht funktionierenden und anscheinend unsinnigen sozialen und politischen Regulatorien lässt man sich leicht in das emotionale Chaos derjenigen hineinziehen, die sich im Drama extremer Lebensbedingungen verstricken, seien das nun Berühmtheiten, Freunde, Familienmitglieder oder Kollegen. Genau in solchen Zeiten brauchen wir eine Denkweise, die uns eine ausgewogenere und gesündere Sicht vermittelt – einen emotionalen Kompass, der uns leitet und dafür sorgt, dass wir nicht vom Weg abkommen. Die uralten Weisheitscodes, die damals den Navajo-Indianern gedient haben, können auch uns in der heutigen Zeit dienlich sein, wenn wir sie in unser Leben lassen.

Die verborgene Kraft der Schönheit

Auf Basis neuerer Entdeckungen der modernen Wissenschaft häufen sich inzwischen Nachweise, dass Schönheit über eine angenehme Ästhetik hinausgeht; sie ist eine transformierende Kraft. »Schön« ist nicht einfach nur ein Adjektiv zur Beschreibung der Farben eines Sonnenuntergangs oder eines Regenbogens nach einem Spätsommergewitter. Schönheit ist vielmehr eine direkte, sinnliche und lebensverändernde Erfahrung – und vor allem *unsere* Erfahrung. Der Mensch besitzt wohl als einzige Lebensart auf der Erde die Fähigkeit, die Schönheit in der Welt um sich herum wahrzunehmen und Schönheit in den Erfahrungen des Alltagslebens zu suchen.

Die Erfahrung von Schönheit gibt uns die Kraft, das zu verändern, was wir in unserem Körper fühlen. Wie bereits beschrieben, haben unsere Gefühle wiederum direkt damit zu tun, wie Neuronen vernetzt und aktiviert werden, ebenso mit der Chemie unserer Zellen und Organe sowie mit der Welt außerhalb unseres Körpers. Wenn wir also sagen, Schönheit hat die Macht, unser *Leben* zu verändern, dann ist die Aussage, dass dieselbe Schönheit auch die Macht hat, unsere *Welt* zu verändern, keineswegs übertrieben. Das Wesentliche dabei ist: Wir müssen uns dafür entscheiden, über die Verletzungen, das Leiden und die Schmerzen, denen wir uns im Moment gegenübersehen, hinauszuschauen und die Schönheit zu erkennen, die bereits in allen Dingen existiert. Nur so werden wir die Kraft entfesseln, die die Entscheidung zugunsten der Schönheit für unser Leben bedeutet.

Das Gebet der Schönheit der Navajo-Indianer

Mit einer für so alte Weisheiten typischen Beredsamkeit beschreibt die Navajo-Tradition eine Sichtweise auf die Extreme des Lebens, die die Verantwortung für unser Glück wie auch für unser Leid direkt uns selbst auferlegt. Weisheitscode 12 spiegelt diese Perspektive wider und ist als das Gebet der Schönheit bekannt. Dieser kraftvolle Code bildet das Schlussgebet der »Blessing Way«-Segnungszeremonie, einer von sechs Zeremonien, die den Kosmos und alle Dinge im Kosmos in Harmonie bringen sollen.[2] Andere Zeremonien in der Reihe umfassen die »Heiligen Wege«, die »Lebenswege«, die »Wege des Bösen«, die »Kriegszeremonien« und die »Wege des Spiels«. Auch wenn sich der genaue Wortlaut des Weisheitscodes 12 je nach Transkription oder wegen der mündlichen Weitergabe über Generationen hinweg unterscheidet, bleibt das Thema des Gebets doch unverändert.

Um das Wesentliche dieses Codes so einfach und respektvoll wie möglich darzulegen, gebe ich eine informelle Version für den täglichen Gebrauch weiter: Sie wurde von dem Navajo-Künstler und Maler Shonto Begay in einem Zeitschriftenartikel beschrieben, den ich vor vielen Jahren gelesen habe.

Begay bietet den Code in drei kurzen Sätzen an, wobei jeder Satz einen wichtigen Einblick in unsere Fähigkeit beleuchtet, die Chemie des Körpers zu verändern und zu beeinflussen, wie wir unsere Welt sehen. Nach dieser Beschreibung folgt eine längere, formellere Version des Gebetes. Begay beschreibt die Essenz des Navajo-Schönheitsgebetes und sagt: »Wir sagen *nizhonigoo bil iina* – die Schönheit, mit der du lebst, die Schönheit, durch die du lebst, die Schönheit, auf die du dein Leben gründest.« Durch diese Worte haben die Ältesten der Navajo seit Jahrhunderten eine hohe Weisheit vermittelt, die ihr Volk und jetzt auch uns an die Verbindung zwischen unserer inneren und äußeren Welt erinnert – eine Verbindung, die die moderne Wissenschaft erst in neuerer Zeit erkannt hat. Jeder Satz dieses Gebetes beschreibt eine Facette unserer Beziehung zur Schönheit und was sie für unser Leben bedeuten kann, wenn wir sie willkommen heißen. Dazu müssen wir die Kraft der Schönheit in unser Leben einladen. Ein genauerer Blick auf diesen Weisheitscode, Satz für Satz, enthüllt die subtilen Nuancen des Gebetes und warum es so viel Macht hat.

Aussage 1: *Die Schönheit, mit der du lebst*

Dieser Schlüsselsatz erinnert uns daran, dass wir die Schönheit in der Welt nicht erschaffen; sie existiert bereits. Zwar ist nicht alles unbedingt schön, aber allen Dingen und jeder Situation wohnt Schönheit inne. Unsere Aufgabe besteht darin, diese Schönheit ausfindig zu machen – danach zu suchen, obwohl sie nicht offensichtlich ist. Es liegt an uns, diese Entscheidung zu treffen. Vom tiefen persönlichen Verlust eines geliebten Menschen bis hin zu gesundheitlichen Krisen und Beziehungsproblemen ist das Finden von Schönheit der Schlüssel, um in den scheinbar sinnlosen Ereignissen des Lebens einen Sinn zu erkennen. Zusätzlich zur Weisheit der alten Navajo erhalten wir heute von großen Meistern lebendige Beispiele für die Kraft unserer Entscheidungen.

Die katholische Heilige Mutter Teresa ist ein perfektes Beispiel dafür. Mutter Teresa – oder einfach »Mutter«, wie die ihr nahestehenden Menschen diese große Frau nannten – hat die erlesene Einfachheit ihres Glaubens an die Schönheit auf ihr Leben übertragen.

Damit veränderte sie für immer das alte Stigma, das den sogenannten Unberührbaren Indiens anhaftet, den kranken und sterbenden Menschen ohne Angehörige, die oft verlassen auf den Straßen gefunden werden. Sie und ihre »Missionarinnen der Nächstenliebe« gingen jeden Morgen hinaus und suchten auf den Straßen Kalkuttas nach »Gottes Kindern«, wie sie sie nannten – ohne sie als »weniger wert als andere« zu verurteilen. Die Ordensschwestern brachten diese Menschen, die von der indischen Gesellschaft und manchmal sogar von ihren eigenen Familien gemieden wurden, in die von ihnen gegründeten Hospize, um ihnen in ihren letzten verbleibenden Stunden auf der Erde Würde, Privatsphäre und Schönheit zu geben. Auf diese Weise fand Mutter Teresa Schönheit dort, wo nur wenige Menschen Schönheit für möglich gehalten hätten.

Inmitten des Schmutzes und Abfalls in den Gossen, inmitten des Gestanks und der Verwesung von verfaulendem Essen und nicht identifizierbaren Leichen in den Gassen bemerkte Mutter Teresa Kuhdung auf der Straße und, darin wachsend, eine bunte Blume. In dieser Blume war für sie Leben zu finden, und in diesem Leben fand sie Schönheit – sie entschied sich dafür, Schönheit in den Straßen Kalkuttas zu sehen. Das ist die Macht der Entscheidungsfreiheit; wir haben die Wahl, wie wir das Leben sehen wollen.

Jedes Mal, wenn wir uns dafür entscheiden, die Schönheit zu sehen, die in dem Schmerz, dem Verlust, den Enttäuschungen und dem Verrat des Lebens möglich oder bereits vorhanden ist, treffen wir die Wahl, unsere Macht wieder für uns zu reklamieren, anstatt uns von der Situation begrenzen zu lassen. Wenn wir sagen: »Die Schönheit, mit der ich lebe« (das Pronomen »du« kann durch »ich« ersetzt werden, um das Gebet persönlicher zu gestalten), erkennen wir diese Tatsache an und treffen die Wahl, in allem die Schönheit zu sehen.

Aussage 2: *Die Schönheit, durch die du lebst*

Die zweite Zeile des Gebetes erinnert uns an die bedeutende Rolle, die Schönheit in unserem Leben spielen kann. Wenn wir im Leben nach Schönheit suchen und in der Erwartung leben, Schönheit in allem zu entdecken, was uns das Leben zeigt, beginnen wir die Polaritäten der Welt und uns selbst in einem neuen Licht zu sehen. Wir können zwar nicht ändern, was bereits geschehen ist, da wir die Tragödien des Lebens ja anerkennen; aber wir nehmen wahr, dass in jeder Erfahrung eine Schönheit steckt, die die Extreme ausgleicht.

Mutter Teresa war eine Meisterin darin, jeden Tag Schönheit in ihr Leben einzuladen. Ihr Leben gibt uns eine schöne Mustervorlage, um das Gleiche zu tun.

Aussage 3: *Die Schönheit, auf die du dein Leben gründest*

Dieser Teil des Codes führt uns über das einfache Finden der in allen Dingen wohnenden Schönheit hinaus. Er leitet uns zum nächsten Schritt, der darin besteht, dieser Schönheit in unserem Leben eine größere Bedeutung beizumessen. Ohne Worte der Erklärung, ohne Rationalisierung, ohne Rechtfertigung entscheiden sich große Meister und Meisterinnen wie Mutter Teresa dafür, Schönheit überall und in allen Dingen zu sehen. Für sie war sie bereits gegenwärtig. Sie war überall, immer. Durch ihr Leben werden wir daran erinnert, dass es unsere Aufgabe ist, diese Schönheit zu entdecken. Das Leben ist unsere Chance, die Schönheit zu suchen und die Schönheit zu umarmen, die wir in allen Dingen entdecken – von den tiefsten Verletzungen bis zu den größten Freuden – und sie zum Maßstab für unser Leben und für uns selbst zu machen.

Wenn wir unser Leben auf das Prinzip der Schönheit gründen und es zum Fundament unserer Weltanschauung machen, werden wir als Menschen verändert. Unsere Entscheidung, dies zu tun, ersetzt unseren Schmerz, unsere Hoffnungslosigkeit und unsere Angst, und an deren Stelle tritt die verwandelnde Kraft der Schönheit. Das ist keineswegs bloße Fantasie. Unsere Bereitschaft, die Schönheit in allem anzunehmen, bringt unsere Neuronen buchstäblich dazu, unsere Wahl widerzuspiegeln. Unsere Zellen beginnen nach anderen Zellen zu suchen, die im selben chemischen Gleichgewicht sind, und sich miteinander zu verbinden: Dadurch werden die neuen Nervenbahnen geschaffen, welche uns eine Perspektive ermöglichen, die über das Wirrwarr unserer Erfahrungen hinausgeht. Dieses einfache und doch kraftvolle Gebet eines Navajo-Indianers, dessen Name vor langer Zeit in Vergessenheit geraten ist, wird seit Jahrhunderten von einem Menschen zum nächsten und von einer Zeremonie zur nächsten tradiert und schenkt uns Hoffnung, wenn alles andere zu versagen scheint.

Die komplette Übersetzung des Gebetes der Schönheit der Navajo-Indianer

Im vorgehenden Abschnitt wurde eine vereinfachte Kurzversion des Gebetes der Schönheit von Shonto Begay vorgestellt. Nun möchte ich die vollständige Version dieses Gebetes mit Ihnen teilen; beide Versionen können als Weisheitscode 12 wirken.

In Zeiten der Not, wenn mich der Schock einer Welttragödie oder der Verlust eines geliebten Menschen erschüttert oder ich die emotionalen Auswirkungen einer schwierigen Beziehung spüre, verwende ich meistens die Kurzform des Gebetes der Schönheit als eine Art Alltagsversion, weil ich es nicht nachschlagen bzw. nicht ablesen muss. Sie ist kurz, direkt und voller Kraft.

In einem eher offiziellen Rahmen, etwa wenn ich eine große Zuhörerschaft im Gebet anleite, oder in der Muße einer ausgedehnten persönlichen Meditation ohne Zeitdruck verwende ich dagegen eher eine längere Version des Gebetes der Schönheit:

Ich gehe in Schönheit.
Ich gehe in Schönheit vor mir.
Ich gehe in Schönheit hinter mir.

Ich gehe in Schönheit über mir.
Ich gehe in Schönheit um mich herum.
Alles ist wieder schön geworden.
Alles ist wieder schön geworden.
Alles ist wieder schön geworden.
Alles ist wieder schön geworden.

Der Wortcode des Gebetes der Schönheit ist eine Art Blaupause oder Plan für unsere Entscheidung, Schönheit im Alltag zu sehen. Die Anwendung ist klar; die Anweisungen sind präzise. In unserem Hightech-Zeitalter der Internet-Konnektivität und der winzigen Schaltkreise, die auf einen Kreditkarten-Chip passen, kann man leicht übersehen, welche Macht diese Wahl in unser Leben bringt. Welche Technologie könnte im Rahmen des Quantenverständnisses einer Welt, in der unsere inneren Überzeugungen zu unserer äußeren Welt werden, einfacher oder mächtiger sein als die Macht der Wahlfreiheit?

Verwendung von Weisheitscode 12

Die Kraft der Weisheitscodes entfaltet sich, wenn sie immer wieder als Affirmation aufgesagt werden. Dadurch wird dem Unterbewusstsein ein Code eingeprägt. Erzeugen wir Herz-Gehirn-Harmonie, wie im Kapitel »Die Verwendung der Weisheitscodes« beschrieben (siehe Seite 21 ff.), haben wir sozusagen einen »heißen Draht« und können direkt mit dem Unterbewusstsein kommunizieren.

Rezitieren Sie die Version des Codes, zu der Sie sich am meisten hingezogen fühlen, Zeile für Zeile aus einem Zustand der Herz-Gehirn-Harmonie heraus, entweder still im Geiste oder laut, bis sich im Hinblick auf die Entscheidungen in Ihrem Leben ein Gefühl von größerer Stärke und Harmonie einstellt. In der verkürzten, informellen deutschen Übersetzung kann das Pronomen »du« durch »ich« ersetzt werden, was den Text persönlicher macht. Der

Schlüssel liegt darin, diesen Code mit Fokus auf Gewahrsein, Atmung und Gefühl aus dem Herzen heraus – nicht allein mit dem Kopf – anzunehmen. Der Einfachheit halber sind mehrere Versionen vom Gebet der Schönheit aufgeführt.

Verkürzte, informelle deutsche Übersetzung:

Die Schönheit, mit der du lebst
Die Schönheit, durch die du lebst
Die Schönheit, auf die du dein Leben gründest

Verkürzte, informelle Version in der Sprache der Navajo:

Nizhonigoo bil iina

Vollständige formelle deutsche Übersetzung:

Ich gehe in Schönheit.
Ich gehe in Schönheit vor mir.
Ich gehe in Schönheit hinter mir.
Ich gehe in Schönheit über mir.
Ich gehe in Schönheit um mich herum.
Alles ist wieder schön geworden.
Alles ist wieder schön geworden.
Alles ist wieder schön geworden.
Alles ist wieder schön geworden.[3]

Vollständige, formelle Version in der Sprache der Navajo:

Hózhóogo náashaa doo
Shitsiji' hózhóogo náashaa doo
Shikeedee hózhóogo náashaa doo

Shideigi hózhóogoo náashaa doo
T'áá altso shinaagóó hózhóogo náashaa doo
Hózhó náhásdlii'
Hózhó náhásdlii'
Hózhó náhásdlii'
Hózhó náhásdlii'

NOTIZEN

Weisheitscode 13

VEDISCHES MANTRA

Om Namah Shivaya.

Einsatz:
Dies ist ein traditionelles hinduistisches Mantra für mehr Selbstvertrauen, um Stärke und Lebenssinn zu finden.

Quelle:
Yajurveda, ein vedischer Text

Die Auswirkungen und der Nutzen des Singens alter hinduistischer Mantras sind in der wissenschaftlichen Literatur gut dokumentiert. Laut eines 2002 in der *Corsini Encyclopedia of Psychology and Behavioral Science* veröffentlichten Berichts zählen zu den physiologischen Nutzeneffekten der Wiederholung von Mantras »eine geringere Anspannung, eine langsamere Herzfrequenz, ein niedrigerer Blutdruck, ein geringerer Sauerstoffverbrauch und eine erhöhte Produktion von Alphawellen im Gehirn«.[1]

Während diese mächtigen Beziehungen zwischen Klang, Wort und Zelle einigen modernen Wissenschaftlern als neue Entdeckungen erscheinen mögen, ist in den alten Hindu-Traditionen der Gebrauch von gesprochenen Mantras seit Langem für die starken Auswirkungen auf den Körper und den Geist bekannt.

Vor seinem Tod im Jahr 2010 konstatierte Thomas Ashley-Farrand, ein Kenner der Veden: »Mantras haben eine sehr spezifische Wirkung auf unsere mentale, emotionale, physische und spirituelle Verfassung. Wie die indischen Weisen lehren, können diese Klangmeditationen tatsächlich die Kraft haben, unsere menschlichen Befindlichkeiten zu transformieren, unter anderem Beziehungen, Gesundheit, Glück, Karriere, Finanzen und Erfolg, um nur einige zu nennen.«[2]

In Anbetracht der alten Traditionen wie auch der modernen Forschung ist es eigentlich nicht überraschend, zu erfahren, dass der Gebrauch von Mantras bis in die tiefsten Ebenen der menschlichen Psyche wirkt und sich zugleich in den Emotionen und Vitalfunktionen des Körpers widerspiegelt.

Das Hindu-Mantra der Stärke

Einer der am meisten genutzten Hindu-Gesänge ist das uralte Mantra der Stärke, *Om Namah Shivaya*. Es gehörte ursprünglich zu den 1800 Hymnen, die in den Veden unter dem Namen *»Ya-*

jurveda« bewahrt wurden, und ehrt Shiva, eine der drei höchsten Gottheiten der hinduistischen Tradition.

Gemeinsam mit Brahma, dem Schöpfer, und Vishnu, dem Bewahrer, sorgt Shiva für eine starke Harmonie zwischen diesen Urkräften, und zwar auf eine Weise, dass er oft »der Zerstörer« genannt wird. Schon deshalb ruft die Nennung von Shivas Namen oft ein Gefühl von Tod und Zerstörung hervor.

Eine der vielleicht bekanntesten Beobachtungen dieses Zusammenhangs war die Reaktion von Robert Oppenheimer, nachdem er bei einem Test am 16. Juli 1945 die Detonation der ersten Atombombe miterlebt hatte. Oppenheimer war auch ein begeisterter Leser des »Mahabharata«, eines klassischen Hindu-Epos. Als »Vater der Atombombe« zitierte er Lord Shiva: »Jetzt bin ich zum Tod geworden, zum Zerstörer von Welten.«[3]

Im Jahr 2017 hatte ich Gelegenheit, die weltweit größte und komplizierteste Maschine zu besuchen: den Large Hadron Collider (Teilchenbeschleuniger) im Kernforschungszentrum CERN (Conseil Européen pour la Recherche Nucléaire, d.h. Europäische Organisation für Kernforschung) an der französisch-schweizerischen Grenze bei Genf. Dort wurde mir klar, warum die mit Shiva assoziierte Zerstörung nur ein Teil der Geschichte ist. Das CERN ist eine der größten kooperativen wissenschaftlichen Institutionen in der Geschichte der Welt und verfolgt das Ziel, neueste Technologien zu entwickeln, um die Gesetzmäßigkeiten der Physik zu erforschen, die sich unmittelbar nach der Entstehung des Universums entwickelten. Bei meinem Besuch im CERN entdeckte ich zu meiner Faszination, dass das Geschenk, das Indien dem Labor gemacht hatte, nichts mit hochmoderner Technologie zu tun hatte – zumindest nicht im traditionellen Sinn.

In einem Hof zwischen zwei Gebäuden ragte eine große Skulptur des tanzenden Shiva auf: die sogenannte *Nataraja*, der »Herr des Tanzes«. Wegen dieser besonderen Form von Shiva erwähne ich es an dieser Stelle. Shiva wird zwar oft als der Zerstörer beschrieben; beschäftigt man sich aber etwas näher mit der hinduistischen Tradition, stellt man fest, dass der Name oft mit dem Zusatz *»Verwandler«* einhergeht. Die beiden Qualitäten des Zerstörens und Verwandelns werden oft austauschbar verwendet, doch sie als Teil einer Abfolge anstatt als austauschbare Qualitäten zu beschreiben wäre wohl treffender, und zwar aus einem einfachen Grund.

Damit sich etwas verwandeln kann, muss das, was vorhanden ist, manchmal erst durch einen neuen, hoffentlich höheren Ausdruck seiner selbst ersetzt werden. Dabei muss die alte Version zerstört werden, um Platz für die Geburt des Neuen zu machen. In diesem Sinne scheint Shiva das gegenwärtig Existierende zu zerstören, doch Zerstörung ist nicht das Ziel, sondern ein Schritt in Richtung der Offenbarung dessen, was aus der Zerstörung hervorgeht.

Aufgrund dieser Unterscheidung hat sich die indische Regierung für Shiva und nicht für eine der anderen Gottheiten als Geschenk an das CERN entschieden. Die hochkomplexen physikalischen Experimente, die hier durchgeführt werden, sollen die tiefsten Wahrheiten unserer Existenz enthüllen. Um zu diesem neuen Verständnis zu gelangen und die Geheimnisse der Schöpfung zu enthüllen, müssen subatomare Partikel durch Hochgeschwindigkeitskollisionen zerstört werden.

Wegen dieser Unterscheidung kann auch das Mantra *Om Namayah Shivaya* für unser Leben ein so machtvoller Weisheitscode sein. Indem wir die Macht Shivas anrufen, zerstören wir unsere alten Vorstellungen von der eigenen Begrenztheit und befreien uns, um uns in einen neuen Ausdruck unserer selbst verwandeln zu können, der unsere tiefsten Stärken verkörpert.

Die Bedeutung des Mantras

Der uralte Chant *Om Namah Shivaya* ist auch heute noch eines der am häufigsten verwendeten vedischen Mantras; es wird schon seit sehr langer Zeit aufgrund seiner Einfachheit wie auch seiner Allgemeingültigkeit von Menschen auf der ganzen Welt gesungen und gechantet. Wie auch bei anderen alten Sprachen gibt es keine Eins-zu-eins-Entsprechung zwischen alten Sanskrit- und modernen englischen oder deutschen Wörtern. Deshalb stellt jede Übersetzung nur eine Annäherung an die ursprüngliche Bedeutung dar.

Die folgenden Beschreibungen sollen zu verstehen helfen, welche Intention hinter diesem alten Gesang für innere Stärke steckt.

Om

Als die Urschwingung, die vor der Geburt des Universums existierte, repräsentiert dieser Urklang gleichzeitig die reine Existenz von *allem* und *nichts.*

Namah

Dieses Wort bedeutet »schmücken« oder »sich in Anbetung verbeugen«. Im Kontext dieses Mantras wird damit der Transformation unserer Wahrnehmungen von erlernten Gefühlen der Unzulänglichkeit hin zur tiefen Wahrheit unserer inneren Stärke Ehre erwiesen.

ShIvaya

Diese Anrede Shivas bedeutet »das innere Selbst«. Jeder von uns besitzt die drei Gesichter der göttlichen Hindu-Dreiheit: Brahma, der Schöpfer; Vishnu, der Bewahrer; und Shiva, der Zerstörer/Verwandler. Mit diesem Mantra rufen wir unseren inneren Shiva an – den Teil von uns, der die Kraft hat, unser Leben zu transformieren.

Gemeinsam werden die Elemente dieses uralten, beredten und einfachen Weisheitscodes zu einer Einladung, die wir an uns selbst richten und mit der wir drei Merkmale unseres Seins anerkennen:

- Die Existenz unserer inneren Stärke
- Unseren Mut, in unser Leben die bereits existierende Stärke einzubringen
- Die Kraft, mithilfe unserer Stärke unsere Entscheidungen der Verwandlung und Transformation in unserem Leben auch wirklich umzusetzen

Verwendung von Weisheitscode 13

Die Kraft der Weisheitscodes entfaltet sich, wenn sie immer wieder als Affirmation aufgesagt werden. Dadurch wird dem Unterbewusstsein ein Code eingeprägt. Erzeugen wir Herz-Gehirn-Harmonie, wie im Kapitel »Die Verwendung der Weisheitscodes« beschrieben (siehe Seite 21 ff.), haben wir sozusagen einen »heißen Draht« und können direkt mit dem Unterbewusstsein kommunizieren.

Rezitieren Sie den Code Zeile für Zeile aus einem Zustand der Herz-Gehirn-Harmonie heraus, entweder still im Geiste oder laut, bis Sie spüren, dass Sie die innere Stärke haben, Ihre Entscheidungen und Ihr Leben zu transformieren. Der Schlüssel liegt darin, diesen Code mit Fokus auf Gewahrsein, Atmung und Gefühl aus dem Herzen heraus – nicht allein mit dem Kopf – anzunehmen.

Om Namah Shivaya
Om Namah Shivaya
Om Namah Shivaya

Weisheitscode 14

PSALM 23

**Der Herr ist mein Hirt, nichts wird mir fehlen.
Er lässt mich lagern auf grünen Auen
und führt mich zum Ruheplatz am Wasser.
Meine Lebenskraft bringt er zurück.
Er führt mich auf Pfaden der Gerechtigkeit,
getreu seinem Namen.**

Einsatz:
Die Worte dieses machtvollen Psalms haben über die Jahrhunderte hinweg als eine Quelle der Stärke und des Trostes in Zeiten von Verlust, Kummer und Not gedient.

Quelle:
Die Bibel nach der Einheitsübersetzung 2016, Psalm 23, Kurzversion[1]

Psalm 23 – »Der Herr ist mein Hirt« – ist eine der am häufigsten rezitierten und bekanntesten Hymnen aus der christlichen Bibel. Er wird häufig bei Beerdigungen und Gedenkfeiern verwendet, als Trost für jene, die um einen verstorbenen geliebten Menschen trauern. Ein genauerer Blick auf den Aufbau des Psalms und den Wortlaut verraten, warum dieses Gebet unter den 150 Hymnen des Buches der Psalmen einen herausragenden Platz einnimmt.

Psalm 23: eine Neuinterpretation

Psalm 23 wurde vom biblischen König David verfasst, als er noch als junger Mann eine Schafherde hütete; das ist erwähnenswert, weil die Bilder dieses Psalms mit dem Blick eines Schafhirten vermittelt werden, der sich um seine Herde kümmert und für sie verantwortlich ist. Damit wird etwas Tiefes und Altes in unserer Seele berührt. Schon der erste Satz verleiht ein tröstliches Gefühl: *»Der Herr ist mein Hirt.«* Die Aufgabe eines Hirten besteht darin, über die Geschöpfe, deren Leben und Wohlergehen von ihm abhängen, zu wachen, sie zu pflegen und für sie zu sorgen. Wenn wir einen geliebten Menschen verlieren, gibt uns der Gedanke an Gott als einen Hirten, der diese Rolle erfüllt, sowohl das Gefühl, dass der geliebte Mensch auf seinem Weg ins Jenseits weiterhin in guter Obhut ist, als auch, dass für uns in Abwesenheit unseres geliebten Menschen weiterhin gut gesorgt wird.

Die machtvollen Bilder von Gott als einem Hirten stammen aus einer Zeit, bevor Psalm 23 entstand, der wohl vor etwa 3000 Jahren verfasst wurde und bis in die Zeit des alten Babylon zurückverfolgt werden kann. Im Kodex Hammurabi, einem Text, der in eine schwarze Felssäule, eine Stele, geätzt wurde, die 700 Jahre vor der Zeit Davids im Zentrum der Stadt Hammurabi stand, enden die 282 Verhaltensregeln im Gesetzeskodex des mesopotamischen Königs mit der uralten Metapher des Hirten: *»Ich bin der Hirte, der Wohlbefinden und reichlich Wohlstand bringt; meine Herrschaft* *ist gerecht …, sodass die Starken nicht die Schwachen unterdrücken und auch den Waisen und Witwen Gerechtigkeit widerfährt.«*[2] Die menschliche Seele bringt dem Gefühl, bewacht und umsorgt zu werden, eindeutig große Verehrung entgegen.

Eine Überraschung am Sonntag

Eines Sonntagnachmittags klopfte es unerwartet an meine Tür – unerwartet vor allem deshalb, weil ich zu dieser Zeit in einer abgelegenen Gegend im Norden von New Mexico wohnte, am Ende einer Sackgasse, eine Stunde vom nächsten Lebensmittelgeschäft und etwa 8 Hektar von meinem nächsten Nachbarn entfernt. Wer könnte mich an einem Sonntagnachmittag mitten im Nirgendwo besuchen?

Das Rätsel war schnell gelöst, als ich durch die teilweise geöffnete Tür spähte. Auf meiner Veranda standen zwei konservativ gekleidete Frauen, die Broschüren aus dem Königreichssaal der Zeugen Jehovas in der nächstgelegenen, mehr als 30 Kilometer entfernten Stadt in der Hand hielten. Nach ein paar Sekunden Smalltalk kamen sie zum Punkt ihres Besuchs.

»Wir wollen Sie nicht stören«, sagte eine der Frauen, »aber möchten Sie vielleicht heute einmal mit uns über die Bibel sprechen?« Offensichtlich wussten sie nicht, dass ich mich als Autor von wissenschaftlichen und spirituellen Büchern leidenschaftlich gerne mit dem Erforschen alter biblischer Texte und deren Übersetzungen beschäftigte. Sie waren mehr als überrascht über meine enthusiastische Antwort und mein breites Lächeln.

»Na klar!«, sagte ich. «Ich würde total gerne mit Ihnen über die Bibel sprechen. Kommen Sie herein. Über welche Bibel möchten Sie denn gerne als Erstes reden?«

Ihre Gesichter wurden bei diesen Worten ganz ausdruckslos. »Was soll das heißen?«, fragten sie. »Es gibt nur eine Bibel!«

»Genau da wird's interessant«, sagte ich. »Es gibt eigentlich viele Bibeln, und den Gelehrten und Wissenschaftlern stehen heutzutage viele Übersetzungen dieser Bibeln zur Verfügung.«

»Wirklich?«, antworteten sie. »Warum wissen wir davon nichts?«

Damit begann ein dreistündiges Gespräch, dessen Thema auch die Weichen stellt, um das Geheimnis zu lüften, das immer noch die wichtigsten Bibelverse, unter anderem auch Psalm 23, umgibt.

Viele Bibeln, viele verschiedene Übersetzungen

Zu Beginn des Gesprächs, das ich mit den beiden Damen führte, nannte ich ihnen eine Auswahl der Bibeln und Übersetzungen, auf die die Wissenschaftler heute zugreifen können.

[Anm. dt. Redakt.: Gregg Braden hat hier in der Originalausgabe dieses Buches eine Auswahl von 19 englischsprachigen Bibeln aufgelistet, entstanden zwischen 1611 (King James Version) und 2005 (New English Translation). Die Liste deutschsprachiger Bibeln unter *https://www.die-bibel.de/bibeln/bibelkenntnis/wissen-bibelueber setzung/deutsche-bibeluebersetzungen-im-vergleich/* vermittelt einen Eindruck davon, wie viele Versionen heute existieren.]

Bei so vielen Übersetzungen und Interpretationen des heiligsten Textes der christlichen Tradition stellt sich natürlich die Frage, welche davon die beste ist. Welche Version gibt die ursprünglichen Worte und Absichten der verschiedenen Autoren am genauesten wieder, einschließlich Psalm 23? Die Antwort auf diese Frage hängt von der Präferenz des Lesers bzw. der Leserin und der Art und Weise ab, wie der Text verwendet werden soll. Für die Weisheitscodes sind meine bevorzugten englischsprachigen Versionen der christlichen Bibel die New King James Version (KJV) von 1982 und die New International Version (NIV) von 1978. Die NIV-Wiedergabe der biblischen Texte stützt sich auf die Technologie des 20. Jahrhunderts, um alte aramäische, hebräische und griechische Bibeltexte zu rekonstruieren, darunter den masoretischen hebräischen Text, die Schriftrollen vom Toten Meer, den samaritanischen Pentateuch, die lateinische Vulgata, das syrische Peschitta, das aramäische Targum und die Juxta Hebraica des Hieronymus für die Psalmen.

Psalm 23 in einem neuen Licht

Die Erkenntnis, dass es zahlreiche Übersetzungen für dieselben Ideen gibt, ist wegen der in den Texten offenbarten Nuancen wichtig für das Verständnis von Psalm 23. Zum Beispiel beginnt die übliche King-James-Version mit den Worten *»The LORD* is *my shepherd; I shall not want«* (dt. *»Der HERR ist mein Hirte; mir soll nichts mangeln«*). Eine übliche Interpretation dieser Aussage ist es, sie als Befehl aufzufassen. Wenn uns »nichts mangeln soll«, haben wir das Gefühl, wir »sollten nichts wollen«, *weil* wir ja in den fähigen Händen unseres Hirten sind. Mit anderen Worten, dies dennoch zu tun, hieße, die Größe und Fähigkeit unseres Hirten, des Herrn, zu ignorieren.

Die NIV-Übersetzung, die auf den genauesten Übersetzungen der Originaltexte basiert, bietet uns jedoch eine starke Nuance, die in der üblichen Übersetzung nicht zu finden ist; sie lautet: *»The LORD is my shepherd, I lack nothing«* (dt. *»Der HERR ist mein Hirte, mir fehlt es an nichts«).*

Diese Übersetzung ist mehr als ein Befehl, der zu befolgen ist. Sie offenbart eine Möglichkeit hinsichtlich unseres gegenwärtigen Seinszustands. Weil der Herr seine Aufgabe als unser Hirte vollkommen erfüllt, haben wir in unserem gegenwärtigen Seinszustand keinerlei Mangel: Wir haben jemanden, der über uns wacht und uns mit allem versorgt, was wir als Grundlage unseres Lebens brauchen.

Diese Interpretation wird auch gestützt durch die detaillierte Auflistung der Art und Weise, wie unsere Bedürfnisse erfüllt werden. Unser Hirte versorgt unsere Welt mit Nahrung (Vers 2 – grüne Weiden waren die Quelle der Nahrung für Davids Schafe), er schenkt erfrischende Wiederherstellung und Führung (Vers 3), Schutz (Vers 4), Stärke, wenn wir uns den Herausforderungen des Lebens stellen (Vers 5) sowie ewige Liebe und ewiges Leben (Vers 6). Mit diesen Interpretationen im Hinterkopf wird deutlich, warum Psalm 23 ein Loblied auf Stärke und Trost zugleich ist.

Verwendung von Weisheitscode 14

Der nachfolgende vollständige Text von Psalm 23 entstammt im Deutschen der Einheitsübersetzung von 2016.

Die Kraft der Weisheitscodes entfaltet sich, wenn sie immer wieder als Affirmation aufgesagt werden. Dadurch wird dem Unterbewusstsein ein Code eingeprägt. Erzeugen wir Herz-Gehirn-Harmonie, wie im Kapitel »Die Verwendung der Weisheitscodes« beschrieben (siehe Seite 21 ff.), haben wir sozusagen einen »heißen Draht« und können direkt mit dem Unterbewusstsein kommunizieren.

Rezitieren Sie den Code Zeile für Zeile aus einem Zustand der Herz-Gehirn-Harmonie heraus, entweder still im Geiste oder laut, bis Sie spüren, dass Ihre innere Stärke Sie nicht mehr daran zweifeln lässt, dass Sie Ihre Entscheidungen und Ihr Leben transformieren und verändern können. Der Schlüssel liegt darin, diesen Code mit Fokus auf Gewahrsein, Atmung und Gefühl aus dem Herzen heraus – nicht allein mit dem Kopf – anzunehmen.

Psalm 23 nach der Einheitsübersetzung von 2016:

Der HERR ist mein Hirt, nichts wird mir fehlen.
Er lässt mich lagern auf grünen Auen und führt mich zum Ruheplatz am Wasser.
Meine Lebenskraft bringt er zurück. Er führt mich auf Pfaden der Gerechtigkeit, getreu seinem Namen.
Auch wenn ich gehe im finsteren Tal, ich fürchte kein Unheil; denn du bist bei mir, dein Stock und dein Stab, sie trösten mich.
Du deckst mir den Tisch vor den Augen meiner Feinde. Du hast mein Haupt mit Öl gesalbt, übervoll ist mein Becher.
Ja, Güte und Huld werden mir folgen mein Leben lang und heimkehren werde ich ins Haus des Herrn für lange Zeiten.

Psalm 23 nach der Lutherbibel:

Der HERR ist mein Hirte, mir wird nichts mangeln.
Er weidet mich auf einer grünen Aue und führet mich zum frischen Wasser.
Er erquicket meine Seele. Er führet mich auf rechter Straße um seines Namens willen.
Und ob ich schon wanderte im finstern Tal, fürchte ich kein Unglück;
denn du bist bei mir, dein Stecken und Stab trösten mich.
Du bereitest vor mir einen Tisch im Angesicht meiner Feinde.
Du salbest mein Haupt mit Öl und schenkest mir voll ein.
Gutes und Barmherzigkeit werden mir folgen mein Leben lang, und ich werde bleiben im Hause des HERRN immerdar.

TEIL 5

Liebe

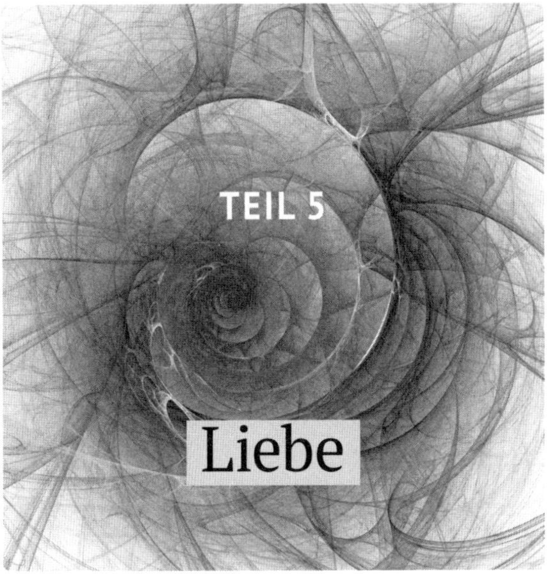

**Strebe danach, deine Liebe größer zu machen
als deine Bedürftigkeit
und lass die Liebe zur stärksten Kraft
in deinem Leben werden.
Dann kann dich nichts besiegen.**

*Kate McGahan,
Hospiz-Beraterin und Sozialarbeiterin*[1]

Beschreibungen der menschlichen Erfahrung der Liebe gibt es seit Menschengedenken und überall auf der Welt; meistens geht es dabei allerdings um den Verlust der romantischen Liebe, um die Sehnsucht, eine verloren gegangene romantische Liebe wiederzufinden, oder um die Suche nach der Erlösung durch die Liebe. Beschreibungen solcher Erfahrungen gibt es jede Menge, eher selten findet man dagegen eine Sichtweise der Liebe als Urkraft, die unser Leben erhalten oder zerstören kann. Während meines ganzen Erwachsenenlebens habe ich immer wieder auf die Worte im Thomasevangelium zurückgegriffen, um mir die Liebe als eine Kraft in Erinnerung zu rufen, die ich bereits besitze. Anstatt diesen Abschnitt mit zusätzlichen Weisheitscodes zu verwässern, die diesem Potenzial nahekommen, habe ich mich deshalb entschieden, die Macht der Liebe anhand eines einzigen machtvollen Codes zu erforschen – Worte, die vor über 2000 Jahren gesprochen wurden. Bislang habe ich keinen anderen Weisheitscode gefunden, der so eloquent, einfach und direkt wie diese wenigen, mächtigen Worte ist.

Sich für die Liebe entscheiden

Ob es nun um die kollektive Tragödie von Weltereignissen wie dem 11. September 2001 in Amerika oder um die persönliche Tragödie des Verlustes geht – irgendwann entscheiden wir uns und wählen, welche Rolle die Liebe in unserem Leben spielt. Und während der emotionale Schmerz und das Trauma, die aus unseren Verlusten resultieren, etwas Universelles sind, ist die Art und Weise, wie wir mit unserem Schmerz umgehen, nicht universell.

Wenn wir zulassen, dass der Schmerz unseres Traumas ungelöst bleibt, kann dieser Schmerz unsere Gesundheit, unsere Beziehungen und auf viele Arten unser Leben zerstören. Finden wir andererseits die Kraft, auch angesichts tiefster Verletzungen zu lieben, können wir den schmerzlichsten Erfahrungen des Lebens einen neuen Sinn geben. Dadurch werden wir zu einer besseren Version unserer selbst. Wir erfahren mehr Heilung, sind mehr für unsere Familie da und werden zu stärkeren Mitgliedern unserer Gemeinschaften. Es geht um die Entscheidung, trotz unserer Verletzungen zu lieben.

Der Preis der Liebe

Liebe hat die Kraft, zu heilen, uns von der Last des Hasses zu befreien und uns über unser Leiden hinauszutragen. Dieses Thema wurde bereits von den gelehrten Meistern der Vergangenheit erkannt, analysiert und kommuniziert. Jalāl ad-Dīn ar-Rūmī oder einfach Rumi, ein Sufi-Dichter des 13. Jahrhunderts, hat unsere Beziehung zu dieser universellen Kraft auf wunderschöne Weise zusammengefasst:

Deine Aufgabe besteht nicht darin, die Liebe zu suchen, sondern nur all die Hindernisse in dir zu suchen und zu finden, die du dagegen aufgebaut hast.[2]

Mit diesen eloquenten und doch einfachen Worten ruft Rumi uns in Erinnerung, dass wir die Liebe und ihre Kraft bereits in uns tragen. Wir müssen nicht danach suchen, sie finden und uns dann bemühen, sie in unser Leben zu integrieren, denn die Liebe wohnt bereits in uns – wir werden mit Liebe geboren. Unsere Aufgabe besteht vielmehr darin, alles an uns aufzudecken, was *nicht* Liebe ist: Beziehungsmauern, emotionale Blockaden und psychische Dämme, die uns daran hindern, Zugang zu unserer Liebe zu finden. Lösen wir diese Barrieren auf, bleibt allein die Liebe übrig.

Je mehr wir zulassen, dass durch die Liebe unsere Verletzungen geheilt werden, desto tiefere Liebesfähigkeit – uns selbst und anderen Menschen gegenüber – entdecken wir.

Elf Jahrhunderte vor der Zeit Rumis beschrieb ein anderer Autor die Macht der Liebe in unmissverständlichen und bezwingenden

Worten, die heute noch genauso bedeutend sind wie damals. Unter den alten gnostischen Texten der Nag-Hammadi-Schriften befinden sich Passagen, denen zufolge unsere Anfälligkeit für Leiden bzw. unsere Verwundbarkeit das mystische Tor ist, das uns Heilung und Leben eröffnet. Im Thomasevangelium beschreibt der Autor die Macht der Liebe beispielsweise im Rahmen einer Rede des Meisterlehrers Jesus: »*Selig ist, wer gelitten hat. Er hat das Leben gefunden.*«[3]

An anderer Stelle derselben Unterweisung sagt Jesus: »*Wenn ihr das hervorbringt, was in euch ist, wird euch retten, was ihr habt.*«[4] Diese eine, präzise und machtvolle Aussage erinnert uns daran, dass unsere Liebe die Quelle ist, aus der jegliche Heilung, die wir erfahren, entspringt. Das Wesentliche dabei aber ist: *Um unsere Liebe zu fühlen, müssen wir für unseren Schmerz empfänglich, verwundbar sein.* Die Tiefe unserer Verletzungen lässt uns entdecken, wie tief wir fühlen können. Indem wir unsere Gefühle zulassen, anstatt zu versuchen, sie zu leugnen oder sie zu verbergen, entdecken wir unsere Liebesfähigkeit.

Einfach ausgedrückt ist die Verletzung der Preis, den wir manchmal zahlen müssen, um herauszufinden, dass die Liebe, die wir zu unserer Heilung benötigen, bereits in uns ist. Manchmal reicht schon das Wissen um die Beziehung zwischen Weisheit, Verletzung und Liebe aus, um uns vom Schmerz am einen Ende des emotionalen Spektrums hin zur Heilung zu katapultieren, die am anderen Ende dieses Spektrums auf uns wartet.

Liebe als Vergebung

Die große Kraft der Vergebung wird praktisch schon immer und überall auf der Welt, in allen Kulturen und auf allen Kontinenten anerkannt. Der amerikanische Schriftsteller Ernest Holmes beschrieb diese Kraft mit folgenden wunderbaren Worten: »Durch die Kraft der Liebe können wir unsere vergangene Geschichte loslassen und von vorne beginnen.«[5] Die Tiefe unserer Liebe und die Vergebung, die durch unsere Liebe möglich ist, sind das Entscheidende, um die emotionale Last und die Grausamkeiten der Vergangenheit hinter uns zu lassen und auf unserem Weg weiterzugehen. Das gilt für einzelne Personen genauso wie für Familien, Gesellschaften und ganze Nationen. Denn das, was in der Vergangenheit geschehen ist, ist heute Teil unserer Geschichte. Und solange wir keine Möglichkeit finden, in der Zeit zurückzugehen, um Fehler wiedergutzumachen und die Schrecken der Vergangenheit ungeschehen zu machen, wird unsere persönliche und kollektive Geschichte ein unveränderlicher Teil unserer Erinnerungen bleiben.

Zur Klarstellung an dieser Stelle ein Hinweis: Im Rahmen dieser Diskussion wird der Akt der Vergebung als ein persönlicher Akt betrachtet, welcher der persönlichen Heilung dienen soll.

Wie von Andrea Brandt, Ph.D., sehr gut beschrieben, entschuldigt die Vergebung nicht, was ein anderer Mensch getan hat; man muss der anderen Person nicht sagen, dass man ihr vergeben hat.[6] Es ist damit auch nicht gemeint, das Geschehene zu vergessen bzw. einen Vertrauensverrat oder eine physische oder emotionale Grenze nicht mehr zu fühlen. Und vielleicht am allerwichtigsten: Vergebung ist nicht für die Person gedacht, der man vergibt, sondern für uns selbst. Vergebung ist ein Akt der Liebe, den wir uns selbst zuliebe ausführen.

Brandt beschreibt Vergebung mit folgenden wunderbaren Worten: »Durch Vergebung akzeptierst du die Realität des Geschehenen und findest einen Weg, mit ihm in einem Zustand der Lösung weiterzuleben.«[7]

Weisheitscode 15

DAS THOMASEVANGELIUM

Wenn ihr das hervorbringt, was in euch ist,
wird euch retten, was ihr habt.
Wenn ihr nicht das hervorbringt, was in euch ist,
wird euch das, was ihr nicht hervorbringt, zerstören.

Einsatz:
Dieser Code ruft uns in Erinnerung, dass in uns eine Kraft wohnt, die, wenn sie zum Ausdruck kommt, die Macht hat, uns zu heilen; wird sie dagegen unterdrückt, dann hat sie die Macht, uns zu zerstören.

Quelle:
Das Thomasevangelium, das in seiner vollständigen Form 1945 in den ägyptischen Nag-Hammadi-Texten gefunden wurde.[1]

Die Macht der Vergebung ist mehr als bloße Theorie; sie ist etwas Reales. Und sie ist eine Macht, die in der realen Welt immer wieder unter Beweis gestellt wurde. Die Entscheidung für Liebe und für Vergebung, die aus der Liebe heraus möglich ist, zieht sich wie ein roter Faden durch das Leben derer, die die Gräueltaten der Geschichte überlebt und *transzendiert* haben. Von den Überlebenden der unsäglichen Gräuel, die zwischen 1933 und 1945 in den Todeslagern der Nazis ertragen wurden, über die 1763 Tage Gefangenschaft von Terry Waite in den Händen von Hisbollah-Extremisten bis hin zum wundersamen Überleben von Alison Botha, die nach einem brutalen Angriff für tot gehalten und liegen gelassen wurde (2016 Thema des Dokumentarfilms *Alison*) – Vergebung ist der Schlüssel, der diese und andere Menschen befähigt hat, ihr Leben nach dem Grauen, das sie zu ertragen hatten, weiterzuführen.

Über die Theorie hinaus: Vergebung in Aktion

Die im Alter von 85 Jahren verstorbene Eva Mozes Kor ertrug einst unter dem Deckmantel medizinischer Experimente furchtbare Gräuel im Konzentrationslager Auschwitz, bis sie endlich nach dem Zweiten Weltkrieg befreit wurde. Vor ihrem Tod im Jahr 2019 begleitete sie eine Gruppe von Bildungsreisenden nach Auschwitz. Was daran wirklich besonders war: dass nicht nur Eva dabei war, sondern auch einer der Naziärzte, die diese schrecklichen Experimente an ihr durchgeführt hatten. Auf einem Gedächtnisgottesdienst zu Ehren der KZ-Opfer vergab sie ihm für seine Rolle, die er bei den Gräueltaten gespielt hatte, und auch für das Leid, das sie und ihre Zwillingsschwester dadurch ertragen mussten.

Danach sprach sie über ihre Erfahrung in einem Interview, das von der populären Tel Aviver Zeitung *Yedioth Ahronoth* publiziert wurde:[2] »Ich vergebe ihnen, dass sie meine Eltern umgebracht, mich und meine Familie ausgeraubt, mir meine Kindheit genommen, mein Leben in eine Hölle verwandelt und mir Albträume beschert haben, die mich seit sechzig Jahren jede Nacht heimsuchen. In meinem Namen – und nur in meinem Namen – vergebe ich ihnen all ihre furchtbaren Taten.« Kor beschrieb, wie sich ihr Leben durch die Vergebung änderte: »Als ich das tat [vergeben], fühlte ich, wie eine schmerzliche Last von mir abfiel. Schmerz und Hass hatten mich nicht mehr fest im Griff.« Und sie fügte hinzu: »Endlich war ich frei.« Damit ließ sie keinen Zweifel mehr offen an der Macht ihres Vergebens und dem, was es für ihr Leben bedeutete.

Dies ist ein ergreifendes Beispiel dafür, wie scheinbar unverzeihliche Grausamkeit verziehen wurde; es zeigt die Macht, die im Thomasevangelium beschrieben wird. Durch die Entscheidung, ihre innere Liebe und die daraus folgende Vergebung nach außen zu bringen, transzendierte Eva Kor das emotionale Leid ebenso wie die biologischen Folgen, die lange anhaltende, nicht aufgelöste Wut meist nach sich zieht, nämlich Krankheit und gesundheitliche Probleme. Dadurch erreichte sie ein hohes Alter von 85 Jahren, das auch heute noch über der durchschnittlichen Lebenserwartung von Frauen in den USA liegt, nämlich 80 Jahre. Hätte sich Eva dafür entschieden, an ihrer Wut und den Schrecken ihrer Erfahrung festzuhalten, dann hätte, wie die Wissenschaft der Epigenetik aufzeigt, die Folge einer solchen Entscheidung aller Wahrscheinlichkeit nach über die Jahre hinweg ihr Immunsystem, ihr Herz-Kreislauf-System und ihre körpereigenen Mechanismen der DNA- und Zellintegrität beeinträchtigt. Mit anderen Worten: Hätte sie es nicht geschafft, das, was bereits in ihr war – die Liebe und die mit der Liebe einhergehende Kraft der Vergebung – hervorzubringen, wäre sie durch diese Unfähigkeit mit größerer Wahrscheinlichkeit zerstört worden.

Verzerrte Liebe

Das Schöne an der Macht der Liebe ist, dass sie nicht auf eine ausgewählte Gruppe von Menschen beschränkt ist, die eine seltene Fähigkeit besitzen oder mit einem esoterischen Prinzip vertraut sind, wodurch sie sich von ihrer Familie, ihren Freunden und Nachbarn unterscheiden. Die Fähigkeit zu lieben ist etwas Universelles. Unsere Fähigkeit, Liebe zu geben und zu empfangen, ist eine Urkraft, die in jedem von uns lebt. Für einige von uns liegt das Wissen um diese Fähigkeit nahe an der Oberfläche, und wir hatten das Glück, sie schon früh im Leben zu erkennen; dann lieben wir bereitwillig und leicht. Die Liebe ist ein Eckpfeiler unserer Existenz. Häufiger jedoch ist unsere Fähigkeit zu lieben nicht so leicht anzunehmen; sie ist verborgen, wir selbst haben sie versteckt.

Schon als Kinder und dann unser ganzes Leben lang hatten wir aufgrund unserer Erfahrungen oft das Gefühl, unsere Liebe offen in der Welt zu zeigen wäre nicht sicher. Das war unsere *Wahrnehmung,* und so haben wir diese Urfähigkeit vor unserer Familie, vor Freunden und anderen nahestehenden Menschen verborgen. Ohne diesen Urkodex mit seinen positiven Auswirkungen laufen wir mit einem verzerrten Blick auf unsere Beziehung zur Welt, zu anderen Menschen und letztendlich zu uns selbst durchs Leben. Der Unterschied zwischen unserer Urfähigkeit zu lieben und unserer Wahrnehmung von Liebe, wie wir sie heute haben, ist die Verzerrung, die Leiden, Enttäuschung und Angst mit sich bringt. Die emotionale Gleichung für unsere Verzerrungen könnte man in eine Formel fassen:

Ursprüngliche Liebesfähigkeit
– *heutige Wahrnehmung von Liebe*
= *eine Verzerrung, die in Form von Leiden auftritt*

Für manche Menschen ist die heutige Wahrnehmung eines Ereignisses im Leben (z.B. die Verletzung durch nahestehende Menschen, der Verlust oder der Verrat von geliebten Menschen) so schmerzlich, dass die Verzerrung unerträglich ist. Geschickt und meisterhaft erzeugen diese Menschen mit ihrer Kraft Verhaltensmuster, dank derer sie mit weniger Schmerzen durchs Leben gehen und ihr verzerrtes Denken überleben können. In Wirklichkeit ersetzt das Verhalten, mit dem sie durchkommen, oft eine schmerzliche Verzerrung durch eine andere. Diese sich wiederholenden Schmerzmuster werden als »Süchte« bezeichnet.

Sucht: verzerrte Liebe

Im Rahmen dieser Diskussion verstehen wir unter einer Sucht ein sich wiederholendes Verhaltensmuster, dem man Priorität einräumt und um das herum man dann sein restliches Leben arrangiert. Das Wort *»Sucht«* wird oft mit Medikamenten-, Drogen- und Alkoholmissbrauch assoziiert. Das sind sicherlich verbreitete Verhaltensmuster, um derentwillen Menschen ihr Leben umorganisieren, um ihnen einen Platz einzuräumen; andere Muster sind nicht ganz so offensichtlich, sondern eher subtil und kommen im Gewand gesellschaftlich akzeptabler Lebensmuster daher, unter anderem zum Beispiel in intimen Beziehungen oder als chronisches Machtstreben, Geldverschwendung, Kontrollsucht, ein Leben im Mangel, chronisches Bedürfnis nach Arbeit und Geldverdienst, chronische Sexbesessenheit und chronische Krankheiten.

All das beschreibt ein Muster, das die Menschen dazu gebracht hat, die Prioritäten in ihrem Leben zu verschieben und für etwas Bestimmtes Platz zu machen, indem Zeit mit der Familie und geliebten Menschen geopfert wird. Doch im Abgrund der Sucht gibt es einen Lichtblick: Die sich daraus ergebenden Konsequenzen, unter denen die Betroffenen leiden, entwickeln sich nicht über Nacht, sondern kommen erst nach und nach im Lauf der Zeit zum Vorschein. Das gibt uns jede Menge Gelegenheit, das hinter der Sucht stehende Denken zu erkennen und zu heilen. Mit dem personalisierten Weisheitscode 15 haben wir ein mächtiges Werkzeug an der Hand, um genau das zu tun.

Unser persönlicher Weisheitscode

Jesus hat den Weisheitscode 15 seinen Jüngern und auch zukünftigen Generationen als den mächtigsten Schlüssel offenbart, mit dem wir unser Leben heilen und unser Leiden transzendieren können. Die gute Nachricht lautet: Diese Macht besitzen wir bereits; wir müssen nicht in die Welt hinausgehen, um sie zu erringen. Sie ist nicht »da draußen« in der Welt um uns herum zu finden und ist auch nichts, was wir erst aufbauen müssen. Sie ist bereits in jedem von uns lebendig. Es ist die Liebe.

Heilen wir die verzerrten Wahrnehmungen, welche die Wurzel unseres Leidens sind, bleibt nur noch die Liebe übrig.

Wir können die Vorlage, die im Weisheitscode 15 die Kraft der Liebe beschreibt, auch in der ersten Person, also der »Ich«-Form, aufsagen. Dadurch kreieren wir ein persönliches Mantra, das uns an die Liebe erinnert, mit der wir geboren wurden, sowie an die Kraft dieser Liebe in unserem Leben. Dank moderner neurowissenschaftlicher Forschungen wissen wir, dass das affirmative Wiederholen des Mantras bzw. des Codes unterbewusst wirksam wird. Deshalb müssen wir die Folgen, die durch das *Nicht*-Hervorbringen dessen, was in uns ist, entstehen, nicht rezitieren. Vielmehr rezitieren wir die positiven Folgen.

Das persönliche Mantra als Affirmation:

Wenn ich das hervorbringe, was in mir ist,
wird mich retten, was ich habe.

Angesichts dieser ehrlichen Einschätzung der Macht der Liebe liegt der Schlüssel darin, das Objekt unserer Vergebung aus der Objektivität des Herzens heraus zu betrachten und nicht aus der Polarität des Gehirns heraus.

Verwendung von Weisheitscode 15

Erzeugen wir Herz-Gehirn-Harmonie, wie im Kapitel »Die Verwendung der Weisheitscodes« beschrieben (siehe Seite 21 ff.), haben wir sozusagen einen »heißen Draht« und können direkt mit dem Unterbewusstsein kommunizieren.

Rezitieren Sie den Code Zeile für Zeile aus einem Zustand der Herz-Gehirn-Harmonie heraus, entweder still im Geiste oder laut, bis Sie mehr Liebesfähigkeit verspüren; das kann sich durch inneren Frieden und Akzeptanz bemerkbar machen. Der Schlüssel liegt darin, diesen Code mit Fokus auf Gewahrsein, Atmung und Gefühl aus dem Herzen heraus – nicht allein mit dem Kopf – anzunehmen.

Wenn ich das hervorbringe, was in mir ist,
wird mich retten, was ich habe.

SCAN ME

Als Leser dieses Buches erhalten Sie kostenfreien Zugang zur Masterclass von Gregg Braden. Hier erfahren Sie, wie alte Sprachmuster und Herz-Hirn-Kohärenz helfen, moderne Herausforderungen zu meistern und ein erfülltes Leben zu führen. Nutzen Sie dieses kompakte Wissen, um Ihre innere Schwingung aufzubauen. Weitere Informationen zu diesem Geschenk finden Sie unter www.greggbradenkurs.de

NOTIZEN

TEIL 6

Die Power-Codes

**Worte sind die mächtigste Kraft,
die der Menschheit zur Verfügung steht.**

Yehuda Berg,
Rabbi[1]

Power-Code 1

»ICH WILL«

Einsatz:
Dieser uralte Code gibt dem Körper die Bestätigung und erklärt dem Universum, dass wir die Macht haben, uns für einen Ausgang, ein Ergebnis zu entscheiden.

Quelle:
Die Bibel nach der Einheitsübersetzung 2016, Matthäus 8,2–3

Die Spitzenforschung des 20. und 21. Jahrhunderts legt nahe, dass wir viel mehr sind als nur Beobachter, die einen kurzen Moment in einer von uns getrennten Schöpfung leben. Von den paradigmenverändernden Zwillingsphotonenexperimenten, die 1997 das Phänomen der Verschränkung offenbarten, bis zur Entdeckung des universellen Higgs-Feldes durch die CERN-Wissenschaftler im Jahr 2012: Die moderne Wissenschaft holt nun die intuitive Weisheit der 5000 Jahre alten indigenen und spirituellen Traditionen ein. Inzwischen ist es eine anerkannte Tatsache, dass es ein zugrunde liegendes Energiefeld gibt, das sich innerhalb des ersten Sekundenbruchteils bei der Entstehung des Universums gebildet hat. Die Computermodelle, die mathematischen Gleichungen und nun die Nachbildungen dieses Urereignisses im kleinen Maßstab im Labor bestätigen, dass alles, was wir in unserer Welt wissen und erfahren, aus winzigen Energiepaketen, den *Quanten* besteht, die ständig aus diesem alles durchdringenden Energiefeld auftauchen und wieder darin absorbiert werden. Das Feld wird mit allen möglichen Namen bezeichnet: von »Matrix«, »Urquelle« und »Göttliche Matrix« bis hin zu »Feld« und anderen. Vielleicht ist es kein Zufall, dass die wissenschaftliche Beschreibung dieser Energie eng mit den gleichen Prinzipien zusammenhängt, die in den Weisheitstraditionen der Vergangenheit beschrieben wurden.

Von den alten indischen Veden, die laut wissenschaftlichen Schätzung bis 5000 v. Chr. zurückgehen, bis hin zu den 2000 Jahre alten Schriftrollen vom Toten Meer ist ein allgemeines Thema auszumachen: Die Welt ist in Wirklichkeit der Spiegel der Dinge, die in einem Bereich geschehen, den wir von unserem Standpunkt aus in Zeit und Raum nicht sehen können. Nichtsdestotrotz ist dieses Reich real, und wir sind ein Teil davon. Wir interagieren mit ihm in jedem Moment eines jeden Tages. Aus dieser Perspektive sind unsere intimen Beziehungen, unsere Freundschaften, unser Gesundheitszustand, unsere Erfolge und Misserfolge allesamt Reflexionen fortlaufender Beziehungen, die sich im unsichtbaren Bereich dieses Feldes abspielen. Fragmente der Schriftrollen vom Toten Meer, die sogenannten »Lieder des Sabbatopfers«, werden von den Gelehrten folgendermaßen zusammengefasst: »Was auf der Erde geschieht, ist lediglich ein blasses Spiegelbild dieser größeren, höchsten Realität.«[1]

Sind wir Beobachter oder Schöpfer?

Die Natur des Feldes und unsere Beziehung zu ihm ist die Quelle einer emotionalen und oft hitzigen Debatte in Wissenschaftskreisen, die im 19. Jahrhundert begann und bis heute andauert. Die technischen Argumente für diese Kontroverse sind komplex, doch der Grund für die Debatte ist ganz einfach. Gibt es tatsächlich einen unsichtbaren Bereich der Existenz, der die Quelle unserer alltäglichen Erfahrungen ist, und haben wir Zugang dazu, um zu verändern, was letztlich in unserem Leben geschieht? Das würde alles verändern, was man uns über uns selbst und unsere Welt glauben macht. Und durch diese Veränderung haben wir die Macht, auf den Ausgang der Dinge und Ereignisse einzuwirken, die uns im Leben am meisten bedeuten.

In einem Zitat aus seinen autobiografischen Notizen teilte Albert Einstein seine tief empfundene Überzeugung, dass wir von der Alltagswelt getrennt sind und als passive Beobachter leben, die nur wenig Einfluss auf die Welt um uns herum haben. »Da gab es draußen diese große Welt«, sagte er, »die unabhängig von uns Menschen da ist und vor uns steht wie ein großes, ewiges Rätsel, wenigstens teilweise zugänglich unserem Schauen und Denken.«[2]

Im Gegensatz zu Einsteins Ansicht, die auch heute noch von vielen Wissenschaftlern vertreten wird, bot Professor John Wheeler, ein Physiker an der Princeton University und Kollege von Einstein, eine radikal andere Sicht unserer Rolle in der Schöpfung an. Seine Worte sind kühn, klar und anschaulich: »Wir hatten diese alte Vorstellung, dass es da draußen ein Universum gibt, und hier ist der Mensch, der Beobachter, sicher durch eine Panzerglasscheibe vor dem Universum geschützt.«[3] Er erkannte also Einsteins Sichtweise von uns Menschen an, getrennt von der Welt um uns herum. Diese Perspektive änderte sich jedoch schnell mit einer Reihe von Experimenten, die einen Paradigmenwandel einläuteten und zeigten, dass wir nicht so getrennt von der Welt sind, wie wir früher geglaubt hatten. Eines dieser Experimente ist das nach wie vor umstrittene Doppelspaltexperiment: Es zeigt, wie sich Elektronen allein durch den Akt des Beobachtens von Teilchen in Energiewellen verwandeln – weil jemand sie anschaut. Zu dieser Art von Experiment sagt Wheeler: »Jetzt lernen wir von der Quantenwelt, dass wir diese Panzerglasscheibe zertrümmern müssen, selbst wenn wir etwas so Winziges wie ein Elektron beobachten wollen; wir müssen uns einlassen … Das alte Wort *Beobachter* muss gestrichen und durch das neue Wort *Teilnehmer* ersetzt werden.«

Bewusstsein ist schöpferisch tätig!

Was für eine Veränderung! Wheeler bietet eine radikal andere Interpretation unserer Beziehung zu unserem Körper und unserer Umwelt und sagt, dass es für uns unmöglich ist, die Welt um uns herum nur zu beobachten. Laut seiner Interpretation der Daten führen wir Veränderungen herbei und sind manchmal bewusst, manchmal unbewusst ständig am Ausgang der Dinge beteiligt, die in unserem Leben und in unserer Welt geschehen.

Wie quantenphysikalische Experimente tatsächlich aufzeigen, verändert etwas so Winziges wie ein Elektron durch Betrachtung bzw. Beobachtung – also das Fokussieren unseres Bewusstsein darauf, was dieses Elektron auch nur für einen Augenblick in der Zeit tut – seine Eigenschaften während der Zeit, in der wir es betrachten. Die Experimente legen nahe, dass der bloße Akt des Beobachtens ein Akt der Schöpfung ist, und es ist Bewusstsein, das erschafft und schöpferisch tätig ist. Diese Ergebnisse scheinen Wheelers Aussage zu stützen, dass wir uns nicht länger nur als Zuschauer betrachten können, die keinen Einfluss auf die von uns beobachtete Welt haben.

Schauen wir uns an, wie in unserem Alltag unser spiritueller und materieller Überfluss, unsere Beziehungen, unsere Karriere, unsere körperliche Gesundheit, unsere tiefsten Lieben und unsere größten Errungenschaften, aber auch unsere Ängste und der Mangel an all diesen Dingen zum Ausdruck kommen, blicken wir vielleicht tatsächlich direkt in den Spiegel unserer wahrsten und manchmal am tiefsten im Unterbewusstsein vergrabenen Überzeugungen. Wir sehen sie in unserer Umwelt, weil sie sich durch ein Energiefeld manifestieren, das überall und jederzeit existiert und alle Dinge miteinander verbindet.

Wir sind zugleich die Künstler und die Kunstwerke

Wir sind das Feld. Die Atome unseres physischen Körpers erscheinen und verschwinden ständig, tauchen auf und kollabieren; dabei folgen sie dem Bauplan unseres Bewusstseins, um das uns vertraute Selbst zu erzeugen. Wir sind sozusagen wie Künstler, die ihre tiefsten Leidenschaften, Ängste und Wünsche durch die lebendige Essenz einer geheimnisvollen Quanten-Leinwand zum Ausdruck bringen. Aber im Gegensatz zur herkömmlichen Künstlerleinwand, die zu einer bestimmten Zeit an einem Ort existiert, besteht unsere Leinwand aus demselben Stoff, aus dem alles andere besteht. Sie existiert überall, sie ist immer gegenwärtig.

Und während Künstler traditionell als von ihrem Kunstwerk getrennt betrachtet werden, verschwindet innerhalb des Feldes die Trennung zwischen Kunstwerk und Künstler. Wir sind die Leinwand und auch die Bilder auf der Leinwand. Wir sind die Werkzeuge wie auch die Künstler, die die Werkzeuge benutzen. Wie Künstler ein Bild so lange ausarbeiten, bis es in ihrem Kopf genau richtig ist, scheinen wir das Gleiche mit den Beziehungen in unserem Leben zu tun. Durch unsere Vielzahl an Überzeugungen, Urteilen und Emotionen erleben wir die Beziehungen, die es uns ermöglichen, unsere Leinwand des Lebens zu vervollkommnen. So wie ein Künstler auf der Suche nach dem perfekten Ausdruck einer Vorstellung immer wieder dieselbe Leinwand benutzt, können wir uns als Künstler betrachten, die fortwährend ein Werk erschaffen, das sich ständig verändert und nie endet.

Von einer formbaren, selbst gemachten Welt umgeben zu sein, hat gewaltige, mächtige und für manche Menschen vielleicht ein wenig beängstigende Konsequenzen. Unsere Fähigkeit, das Feld mit bewusster Intention und kreativ zu nutzen, befähigt uns plötzlich dazu, unsere Sichtweise unserer Rolle im Universum komplett zu verändern. Zumindest deutet es darauf hin, dass es viel mehr im Leben gibt als zufällige Ereignisse und gelegentliche Synchronizitäten, mit denen wir so gut wie möglich umgehen.

Letztlich ruft uns unsere Beziehung zur Quantenessenz, die uns mit allem anderen verbindet, in Erinnerung, dass wir selbst Schöpfer sind. Als Schöpfer können wir unsere tiefsten Wünsche nach Heilung, Fülle, Freude und Frieden in allem ausdrücken: von unserem Körper und unserem Leben bis hin zu unseren Beziehungen. Und wir können dies bewusst tun und selbst entscheiden, wann und wie wir es tun.

Falten im Feld

Aus einer Quantensicht der Welt kann man sich alles, was wir erleben, als »Falten« oder »Kräuselungen« vorstellen, die ein ansonsten harmonisches Energiefeld stören. Alte spirituelle Traditionen und Poesie beschreiben unsere Existenz ähnlich, und das ist vielleicht kein Zufall. Die Veden beispielsweise sprechen von einem einheitlichen Feld »reinen Bewusstseins«, das die gesamte Schöpfung umspült und durchdringt. Die Gedanken, Gefühle und Emotionen, die wir erleben, sowie die dadurch hervorgerufenen Ängste und Wertungen, die sie hervorrufen, werden als Störungen – Unterbrechungen in einem ansonsten glatten und unbewegten Feld – angesehen.

In ähnlicher Weise beschreibt der *Hsin-Hsin Ming* (frei übersetzt: »Verse über den Glaubens-Geist«) aus dem 5. Jahrhundert die Eigenschaften einer Essenz, welche die Blaupause für alles in der Schöpfung ist. Sie wird als *Tao* bezeichnet, und genau wie es in den Veden steht, ist sie letztlich unbeschreiblich. Das Tao ist alles, was ist – das Gefäß aller Erfahrungen ebenso wie die Erfahrung selbst. Das Tao wird als vollkommen beschrieben, »wie ein riesiger Raum, in dem nichts fehlt und nichts im Überfluss vorhanden ist«[4].

Laut *Hsin-Hsin Ming* gehen wir der Harmonie des Tao nur dann verlustig, wenn wir die Ruhe des Tao durch unsere Wertungen stören. Geschieht das Unvermeidliche dann doch und wir sind in Gefühle der Wut und des Getrenntseins verstrickt, bietet der Text Leitlinien zur Behebung dieses Zustands:

Um direkt mit dieser Realität in Einklang zu kommen,
sprich einfach, wenn Zweifel aufkommen: »Nicht-zwei.«
In diesem »Nicht-zwei« ist nichts getrennt,
nichts ist ausgeschlossen.

Sich als eine Störung im Feld zu betrachten, nimmt dem Leben etwas von seiner Romantik, das gebe ich gerne zu; aber es gibt uns auch eine sehr wirkmächtige Welt- und Selbstsicht an die Hand. Wollen wir beispielsweise neue, gesunde und lebensbejahende Beziehungen schaffen, heilende Romantik in unser Leben bringen oder eine friedliche Lösung für die Probleme der Welt herbeiführen, müssen wir eine neue »Störung« auf dem Feld schaffen, die unseren Wunsch widerspiegelt. Wir müssen eine neue Falte in dem Stoff schaffen, aus dem Raum, Zeit, unsere Körper und die Welt bestehen.

Verwendung und Kraft des *Willens* bzw. *Wollens*

Mit dem Verb *»wollen«* drücken wir normalerweise unsere gegenwärtige Absicht aus, etwas in Zukunft zu tun oder zu sagen, zum Beispiel: »Ich will morgen früh den Abfall rausbringen«, oder: »Ich will auf dem Heimweg von der Arbeit ein Brot kaufen.«

»Wollen« besagt, wir planen zwar etwas, aber es geschieht nicht jetzt in der Gegenwart, sondern irgendwann in der Zukunft – sei es in der nächsten Minute, in ein paar Stunden oder Tagen oder sogar noch später. Wir wollen, dass es passiert, es ist unsere Intention, die wir vielleicht wirklich ernst meinen. Doch die Aussage, etwas zu einem anderen Zeitpunkt tun zu wollen, öffnet der »Aufschieberitis« (Prokrastination) Tür und Tor, ebenso irgendwelchen mildernden Umständen, die verhindern, dass die beabsichtigte Aktion jemals tatsächlich stattfindet.

In der Bibel wird unter *»Wille«* traditionell etwas anderes verstanden. Ich nehme hier wohlgemerkt Bezug auf die biblischen Texte als Weisheitsbücher, nicht als religiöse Doktrinen. Im Matthäusevangelium des Neuen Testaments findet sich beispielsweise die Geschichte vom Lehrer Jesus von Nazareth und dem Kranken, der ihn um Heilung bittet. In Kapitel 8,2–3 ist zu lesen, wie Jesus den Power-Code 1 verwendet – »Ich will« –, gefolgt von dem beabsichtigten Ergebnis. Der Mann nähert sich Jesus und sagt:

Herr, wenn du willst,
kannst du mich rein machen.[5]

Mit diesem Satz wird die Bühne für zwei Ereignisse bereitet:

- Er schafft die Bedingungen, die für die Heilung nötig sind.
- Der Mann wird geheilt.

Mit der Bitte um Hilfe nimmt der Mann die Gelegenheit wahr, persönlich geheilt zu werden. Er ist sozusagen gewillt, die mögliche Veränderung zu akzeptieren, und teilt seine Akzeptanz dem Universum mit.

Die Erzählung beschreibt sowohl, wie Jesus physisch handelt, als auch die Worte, mit denen er sein Tun begleitet:

Jesus streckte die Hand aus, berührte ihn und sagte:
Ich will – werde rein!
Im gleichen Augenblick wurde der Aussätzige rein.

Im Englischen:

And Jesus put forth his hand, and touched him, saying
I will; be thou clean.
And immediately his leprosy was cleansed.

Diese historische Erzählung zeigt uns eine völlig andere Verwendung des Konzepts vom persönlichen Willen bzw. der Willenskraft. Der Wille wird eingesetzt, um einen Ausdruck des Feldes zu verändern. Das ist etwas ganz anderes als eine Intention. Jesus sagt nicht, er habe die Absicht, den Kranken irgendwann einmal zu heilen; vielmehr umfasst *»will«* im Englischen, dass ein Ergebnis bereits existiert und präsent ist. [Anm. d. Übers.: Im Englischen wird das Hilfsverb *»will«* auch angewandt, um auszudrücken, dass man etwas *gewiss* machen *wird.*]

Ich will ist die Feststellung bzw. Aussage.
Werde rein ist das Ergebnis.

Indem Jesus das Verb *»will«* verwendet, erkennt er Folgendes an:

- Die Existenz des Feldes, das – wie die moderne Wissenschaft inzwischen bestätigt – alles enthält, was in unserer Welt geschieht

- Seine gegenwärtige, aktive Beziehung zum Feld
- Die Rolle, die sein Bewusstsein spielt, um das Feld durch einen Willensakt zu verändern

So wie bei einer direkten Affirmation, die mit dem Ergebnis beginnt, stellt Jesus das Ergebnis fest – er macht sich seine Beziehung zum Feld zu eigen. Durch diese Feststellung wird das, was er nach den Worten »*Ich will*« sagt, real, wahr und manifest.

(Zur Verwendung des Power-Codes 1 siehe den entsprechenden Abschnitt beim Power-Code 2, Seite 200 ff.)

Power-Code 2

»ICH BIN«

Einsatz:
Dieser uralte Code macht die Wahrheit geltend, die im gegenwärtigen Moment liegt.

Quelle:
Die Bibel, Exodus 3,14

Der zweite Power-Code aus den biblischen Texten beginnt mit Moses Erfahrungen auf dem Berg Sinai. So wie Jesus die Worte *»Ich will«* genutzt hat, findet auch Power-Code 2 beredt und einfach seinen Ausdruck in zwei Wörtern: *»Ich bin.«* Die geheimnisvolle Bedeutung dieser zwei Wörter wird seit über 2000 Jahren und auch heute noch kontrovers diskutiert.

Sowohl die alten hebräischen als auch die christlichen Traditionen berichten an zwei Stellen im Buch Exodus davon, wie Gott den Menschen auf der Erde seinen persönlichen Namen offenbart hat. Zwar geht auch der heilige Koran auf das generelle Thema ein, das in diesen alten Erzählungen zur Sprache kommt, sogar darauf, wie Mose Gottes Gesetze auf dem Berg Sinai in Empfang nahm; doch der wirkliche Name Gottes wird in den islamischen Schriften anscheinend nicht nach außen enthüllt.

Im dritten Kapitel des Buches Exodus offenbart Gott, dass er derselbe Gott ist, den schon Moses Vorfahren angerufen haben: der Gott Abrahams, Isaaks und Jakobs und auch der Gott Amrams, des Vaters von Mose.

In einem seltenen und direkten Zwiegespräch mit Gott bittet Mose um mehr Klarheit darüber, mit wem er auf dem Berg Sinai spricht, um die Fragen beantworten zu können, die seine Anhänger ihm mit Sicherheit über dieses Treffen stellen würden.

> **Da sagte Mose zu Gott: Gut, ich werde also zu den Israeliten kommen und ihnen sagen: Der Gott eurer Väter hat mich zu euch gesandt. Da werden sie mich fragen: Wie heißt er? Was soll ich ihnen sagen?**

An dieser Stelle gibt Gott seine rätselhafte Antwort, und das Geheimnis dieses Power-Codes wird offenbart.

In Exodus 3,14 gibt Gott zunächst mit drei hebräischen Wörtern Antwort: *»Ehyeh Asher Ehyeh«*, was im Deutschen meistens mit

»Ich bin der ich bin« übersetzt wird. Mysteriös und kontrovers ist seit über 3200 Jahren die Übersetzung dieses einfachen Satzes.

»Lost in Translation«?[1]

Eine akademische Schule interpretiert den Anfangsteil von Moses Gespräch als den Moment, in dem Gott seinen Namen offenbart hat. Wirft man jedoch einen genaueren Blick auf die hebräische Sprache, enthüllt sich ein tieferes Verständnis dieses geheimnisvollen Satzes.

Wie schon im Kapitel über Weisheitscode 2 erwähnt, wird Gottes persönlicher Name an über 6800 Stellen in der hebräischen Bibel durch andere Namen ersetzt. Das Entscheidende dabei: Diese Ersatznamen stehen für die verschiedenen Eigenschaften der göttlichen Präsenz, sind aber *nicht* sein Name. Im Buch Exodus 3,15 steht der persönliche Name Gottes, wie er Mose von Gott offenbart wurde:

> **So sag zu den Israeliten: Der HERR, der Gott eurer Väter, der Gott Abrahams, der Gott Isaaks und der Gott Jakobs, hat mich zu euch gesandt …**

Meistens ist an dieser Stelle Schluss mit gelehrten Interpretationen; doch der nachfolgende Satz zeigt eindeutig auf, was Gott Mose enthüllt. Gott schließt mit folgenden Worten:

> **Das ist mein Name für immer und so wird man mich anrufen von Geschlecht zu Geschlecht.**

Gott bezieht sich hier auf den verschlüsselten Namen hinter den Worten *»der HERR«*. In den ursprünglichen hebräischen Texten ist der Name, der ersetzt wurde, der direkte Eigenname Gottes und wird – von rechts nach links gelesen – in vier geheimnisvollen Buchstaben des hebräischen Alphabets dargestellt: Jod, He,

Waw und He, das sogenannte *Tetragramm bzw. Tetragrammaton* (das bedeutet »Wort aus vier Buchstaben«) bzw. *YHWH – Yahweh (Jahwe;* siehe auch Weisheitscode 1). Dieser Name ist so heilig und für orthodoxe Juden so unaussprechlich, dass er in der ganzen hebräischen Bibel ersetzt wird.

Wie diese subtilen, aber wichtigen Unterschiede bei Übersetzungen zeigen, ist *Ehyeh Asher Ehyeh* eben nicht Gottes Eigenname, offenbart aber dennoch ein sehr tiefes Verständnis von Gottes Existenz in allem. Aufgrund der Art der hebräischen Sprache kann dieser Ausdruck unterschiedlich übersetzt werden: »Ich bin *wer* ich bin«, »Ich bin *der* ich bin«, »Ich bin *das* ich bin« oder »Ich bin *was* ich bin«, aber auch »Ich werde sein der ich sein werde« bzw. »Ich *will sein* was ich *sein will*«. Bibelforscher befürworten weitgehend die letzte Übersetzung: »Ich will/werde sein, was ich sein will/werde.«

Berücksichtigt man diese Übersetzung, ist der Power-Code »Ich bin« eigentlich eine versteckte Form des Power-Codes »Ich will«. »Ich bin der ich bin« besagt auch »Ich will/werde sein, was ich sein will/werde«; damit steckt die Kraft des Wortes *»wollen«* in dem *»Ich bin«*. Mit »Ich bin« verdeutlicht Gott seine unmittelbare und anhaltende Beziehung zum Feld.

Code	Bedeutung
Ich bin	Ich nehme im universalen Feld in Anspruch, dass die dieser Aussage folgende Aktion bereits in einem Seinszustand manifest ist.
Der	Der Seinszustand ist gegenwärtig und dauerhaft.
Ich bin	Ich nehme im universalen Feld in Anspruch, dass die dieser Aussage folgende Aktion bereits in einem Seinszustand manifest ist.

Mit den Worten *»Ich bin der ich bin«* wird Mose der Schlüssel zu Gottes Beziehung zum Feld aufgezeigt und auch, wie dieselbe Macht ausgeübt werden kann, um das, was im Feld existiert, zu verändern. Und ihm wird die Macht gegeben, in seinem eigenen Leben auf diesen Code zuzugreifen.

Jesus verwendet diese Codes und offenbart seinen Jüngern, wie sie verwendet werden können; dadurch stehen diese Codes auch uns heute zur Verfügung. Sprechen wir die Worte *»Ich bin«* im Zustand der Herz-Gehirn-Kohärenz und mit Intention, haben wir die verschlüsselte Sprache dieses Tors zum Wandel an der Hand. Gott hat es offenbart. Jesus hat es vorgemacht. Und heute sind wir gefordert, anhand dieses machtvollen Codes die uns einschränkenden Überzeugungen zu transzendieren, die uns davon abhalten, die tiefsten Wahrheiten unserer Existenz zu erfahren.

Die erfolgreiche Anwendung der Power-Codes

Für die erfolgreiche Verwendung von *Ich will* und *Ich bin* ist zweierlei entscheidend:

- Seien Sie sich sehr klar darüber, was Sie mit Ihrer Entscheidung willentlich entstehen lassen wollen.

- Seien Sie frei von Bewertungen und Anhaftungen hinsichtlich des Ergebnisses.

Angesichts dessen, was auch die moderne Wissenschaft über die Natur des Feldes und unsere Beziehung zu diesem Feld bestätigt hat, sind diese beiden Richtlinien wirklich von Sinn durchdrungen. Das universale Feld bewertet nicht, wie angemessen das ist, was wir hineingeben, um es dann widergespiegelt zu bekommen.[2] Es weiß nicht, ob das gut oder böse, richtig oder falsch ist. Es ist einfach ein Spiegel. Und so wie der Spiegel im Badezimmer ehrlich und unverblümt unser Erscheinungsbild wiedergibt, reflektiert das Feld ganz ehrlich und unverblümt unsere Ansichten und Überzeugungen – in unseren Beziehungen, unserer Gesundheit und unserem Erfolg in der Welt.

Im verloren gegangenen Thomasevangelium wird an einer Stelle in den Lehren Jesu diese Beziehung und der entscheidende Erfolgsfaktor anhand des Quantenspiegels in unserem Leben beschrieben: *»Wenn ihr die zwei zu einem macht, werdet ihr Menschensöhne werden. Und wenn ihr sagt: ›Berg, hebe dich weg‹, wird er sich wegheben.«*[3] Damit erinnert uns der Meister daran, dass das Feld alles wörtlich nimmt.

Um Beziehungen, die Gesundheit, den Reichtum und den Erfolg, die vom Feld reflektiert werden, zu optimieren, müssen wir eine sehr klare Vorstellung des gewünschten Ergebnisses haben, aber ohne an dieses Ergebnis anzuhaften. Das hört sich zunächst einmal widersprüchlich an, doch wenn wir die Aussagen einmal aufschlüsseln, wird klar, warum wir einerseits unseren Wunsch klar und spezifisch formulieren und uns gleichzeitig davon lösen müssen.

Sind wir auf ein bestimmtes Ergebnis fixiert, ist diese Anhaftung nur deshalb gegeben, weil wir unsere Erfahrung mit etwas anderem vergleichen. Und Vergleiche lassen uns in die alte Falle des Wertens tappen. Wir neigen dazu, unsere Erfahrung im Licht dessen zu betrachten, was ein anderer Mensch erreicht hat, und durch das Vergleichen werten bzw. beurteilen wir unseren Erfolg bzw. Misserfolg.

Wir müssen uns fragen: Wen oder was sollten wir als Bezugspunkt nehmen? Lautet die Antwort: »Irgendetwas anderes als unsere direkte Erfahrung«, dann können wir erkennen, woher unsere Bewertung kommt. Unterlassen wir die Vergleiche unserer eigenen Lebensleistungen mit denen anderer Menschen oder Vorfälle – machen wir also aus zweien eins –, dann bleibt nur noch die eigentliche Leistung übrig. Und haben wir uns wirklich so gut bemüht, wie es uns in diesem Moment möglich war, dann können wir nur erfolgreich sein. Das ist die Kraft der Worte Jesu im Hinblick darauf, »zwei zu einem« zu machen.

Verwendung der Power-Codes

Genaue, prägnante Worte sind der Schlüssel für eine erfolgreiche Kommunikation mit dem universalen Feld aus Energie, das alles miteinander verbindet. Sind Sie bereit, mit Power-Code 1 – *»Ich bin«* – oder Power-Code 2 – *»Ich will«* – das Gewünschte zu manifestieren, halten Sie sich bitte an die folgenden Richtlinien, damit Ihrer Erfahrung ein optimaler Erfolg beschieden wird.

Erzeugen Sie Herz-Gehirn-Kohärenz anhand der im Kapitel »Die Verwendung der Weisheitscodes (siehe Seite 21 ff.) beschriebenen Schritte. Der Schlüssel liegt darin, diesen Code mit Fokus auf Gewahrsein, Atmung und Gefühl aus dem Herzen heraus – nicht allein mit dem Kopf – anzunehmen.

Von einem Punkt objektiver Nichtanhaftung heraus, die durch Herz-Gehirn-Harmonie entsteht, sagen Sie klar und prägnant, laut oder im Stillen entweder *»Ich will«* oder *»Ich bin«* und nennen danach in kurzen, prägnanten Worten das gewünschte Ergebnis.

Ich will ____________________

____

____

Ich bin ____________________

____

____

Danach *fühlen* Sie, so gut es Ihnen möglich ist, das von Ihnen genannte Ergebnis, und zwar mithilfe möglichst vieler Sinne: Fühlen Sie die Dankbarkeit und die Freude des manifestierten Ergebnisses, hören Sie den Klang Ihrer Stimme angesichts des manifestierten Resultats, sehen Sie das Ergebnis klar vor Ihrem geistigen Auge etc.

Zum Abschluss des Codes *»Ich will« oder »Ich bin«* bedanken Sie sich im Stillen oder laut; sprechen Sie das Wort *»Danke«* direkt zum Feld – nicht »Ich bedanke mich«, denn dadurch wären Sie einen Schritt von der zum Ausdruck gebrachten Dankbarkeit entfernt.

NOTIZEN

TEIL 7

Die Gleichnisse

Die Menschen sind nicht ideal dafür gemacht,
Logik zu verstehen;
sie sind ideal dafür gemacht,
Geschichten zu verstehen.

Roger C. Schank,
Kognitionswissenschaftler[1]

Die in diesem Buch vorgestellten Weisheitscodes stellen eine Sammlung bestimmter Worte dar, die im Lauf der Jahrtausende immer weiter verfeinert und standardisiert in Gebeten, Mantras und Gesängen festgehalten wurden, um uns zu helfen, ein anderes Gefühl für unser Leben und unsere Welt zu entwickeln. Die gelehrten Meister und großen Lehrer der Vergangenheit haben neben Worten und kurzen Sätzen auch einfache Geschichten, sogenannte *Gleichnisse,* für ihre Lehren verwendet. Sie waren etwa einen Absatz lang, deshalb sind sie nicht so leicht als Chant oder Gebet zu nutzen; trotzdem kann uns die Botschaft des Gleichnisses zu einer anderen Wahrnehmung des Lebens und der Welt führen. So werden wir angesichts des Gleichnisses verändert. Deshalb habe ich auch zwei Gleichnisse in diese Sammlung von Weisheitscodes aufgenommen und hoffe, Sie als Leser bzw. Leserin können sie ebenso wertschätzen wie ich.

Die Kraft des Gleichnisses

Wir sind eine Spezies, die Geschichten mag. Wir erzählen uns Geschichten aus einem ganz einfachen Grund: weil sie funktionieren! Der Romanschriftsteller Scott Turow fasste es in folgender Frage wunderbar zusammen: »Wer sind wir – wenn nicht die Geschichten, die wir über uns erzählen, besonders wenn wir sie akzeptieren?!«[2] Mithilfe unserer Geschichten bekommen die Welt und ihre Geschehnisse einen Sinn und werden verständlich. Sie lehren uns zudem wichtige Lebenslektionen und heilen die Wunden, die uns das Leben zugefügt hat. Durch unsere Geschichten wird darüber hinaus das Gelernte bewahrt und kann auf einfache Weise an unsere Kinder und zukünftige Generationen weitergegeben werden.

Seit Menschengedenken, seit die Mitglieder unserer Spezies miteinander zu kommunizieren begannen, haben wir einander unsere Geschichten erzählt und sie aufgezeichnet. Die australischen Aborigines rühmen sich beispielsweise einer der langlebigsten fortdauernden Kulturen der Welt. Wie wissenschaftliche Analysen bestätigen, lassen sich manche ihrer Höhlenmalereien auf über 28.000 Jahre zurückdatieren. Manche, die luftdicht versiegelt waren, sind wohl sogar noch älter, schätzungsweise 32.000 Jahre![3] Von diesen uralten Beispielen bis hin zu den modernen Geschichten, die uns die Wissenschaft erzählt und die neuere Erklärungen über den Ursprung des Menschen bieten, haben wir den Kosmos und unseren Platz darin durch Geschichten, Metaphern und Gleichnisse erklärt. Wir alle machen es uns gern mit einer guten Geschichte – einem Buch oder einem Film – gemütlich, doch anscheinend nicht nur, um unterhalten zu werden.

Wie neue Entdeckungen aus der Psychologie und der Kognitionswissenschaft vermuten lassen, ist unser Gehirn buchstäblich auf Geschichten und Erzählen ausgelegt und entsprechend »vernetzt«, um lebenswichtige Informationen abrufen zu können. Diesen Zusammenhang erkennen wir intuitiv; meistens merken wir uns beispielsweise die Geschichte der Beziehungen zwischen den Mondphasen und Fruchtbarkeitszyklen – was mit Überleben assoziiert wird – besser als für sich stehende Fakten, Zahlen und Statistiken. Der Kognitionswissenschaftler Roger Schank nennt uns den Grund für diese Wahrheit: »Die Menschen sind nicht ideal dafür gemacht, Logik zu verstehen; sie sind ideal dafür gemacht, Geschichten zu verstehen.«[4] Unsere Nervenzellen sind anscheinend genetisch eher darauf ausgelegt, sich in Reaktion auf in Geschichten beschriebene Beziehungen zu vernetzen und zu aktivieren als in Reaktion auf isolierte Daten und Fakten.

In seinem Buch *The Storytelling Animal* (wörtlich übersetzt: »Das Geschichten-erzählende Tier«) beschreibt Jonathan Gottschall, wie der Mensch, indem er immer wieder dieselbe Geschichte erzählt, »die Nervenpfade weiter ausbaut, die uns helfen, geschickt mit den Problemen des Lebens umzugehen.«[5] Anders ausgedrückt hält das Mitteilen einer Idee durch wiederholte Beschreibung einer Erfahrung, mit der wir etwas anfangen können, diese Idee in der Gemeinschaft lebendig, und sie bleibt weiterhin von Bedeutung, ob es nun um Vorstellungen von Ethik, Moral, Kosmologie oder um einfache Lebenskompetenzen geht. Entscheiden dabei ist, dass die Geschichte eine Lebenssituation so veranschaulicht, dass uns die Erfahrung eines anderen Menschen hilft, etwas zu lernen, von einer Erfahrung zu heilen oder die Konsequenzen einer schwierigen Situation zu vermeiden.

Das Thomasevangelium

Wie im Abschnitt über Weisheitscode 15 erwähnt: Das wohl am besten bekannte Manuskript der in Nag Hammadi gefundenen Schriften ist das Thomasevangelium, auch als das »koptische Ägypter-Evangelium« bzw. offiziell als »Kodex II« bezeichnet. Die Fassung des Thomasevangeliums der Nag-Hammadi-Bibliothek ist die einzige vollständige Aufzeichnung dieses umstrittenen Manuskripts. Zu Beginn wird der Ursprung der 114 darin enthaltenen Sprüche und Gleichnisse genannt: *»Dies sind die verborgenen Worte, die der lebendige Jesus sagte, und Didymos Judas Thomas schrieb sie auf.«*[6]

Die modernen Bibelgelehrten haben Didymos Judas Thomas – den Apostel Thomas aus der Bibel – noch nicht einmütig als Autor des Textes anerkannt, doch die Worte des Manuskripts sprechen für sich. Die darin enthaltenen Gleichnisse werden meisterhaft eingesetzt, um uns tiefe Einsichten in die »conditio humana« – die Umstände des Menschseins bzw. die menschliche Natur – zu vermitteln. Die Erfahrungen, von denen sie erzählen, erkennen auch wir in der heutigen Zeit wieder.

Gleichnis 1

DIE FRAU UND DER KRUG

Einsatz:
Dieser Code ruft uns in Erinnerung, dass unsere Fähigkeit, einen anderen Menschen zu lieben, und unsere Fähigkeit, uns selbst zu lieben, in direkter Beziehung zueinander stehen.

Quelle:
Das Thomasevangelium, das vollständig im Jahr 1945 in den ägyptischen Nag-Hammadi-Texten gefunden wurde.

In der Kindheit lernen wir Kompromisse einzugehen, um die Herausforderungen des Lebens zu überleben. Das kann manchmal etwas so Einfaches sein, wie wenn ein junges Mädchen dem Wunsch des Vaters und der Brüder nachgibt, einen Kriegsfilm anstatt den Liebesfilm zu schauen, der ihr lieber gewesen wäre, weil die männlichen Familienmitglieder in der Überzahl sind. Ein beständiges Gefühlsmuster, in seiner Herkunftsfamilie ignoriert zu werden, zeigt sich später im Leben oft in dem Gefühl, am Arbeitsplatz oder in Freundschaften und Beziehungen überhört zu werden.

Manchmal gehen wir aber einen viel tieferen Kompromiss ein, beispielsweise wenn wir »nachgeben« und uns darauf einlassen, etwas zu tun, was unseren tiefsten Instinkten zufolge für uns nicht gut ist. Sooft wir solchem Druck oder Versuchungen nachgeben, verlieren wir etwas in uns: unser Selbstwertgefühl und unsere Selbstachtung sowie unser Vertrauen darauf, unsere Meinungen und Gefühle sicher anderen Menschen mitteilen zu können. Solche Verluste mögen sozial akzeptabel sein, dennoch sind sie schmerzhaft.

Kinder zum Beispiel dazu zu zwingen, die Rolle eines Erwachsenen zu übernehmen und ihre Kindheit zu verlieren, nachdem die Familie auseinandergebrochen ist, das Aufgeben seiner Rassenzugehörigkeit, wenn man sich gezwungenermaßen an eine andere Kultur anpassen muss, und das Überleben von Kindheitstraumata durch das Unterdrücken von Emotionen wie Verletztsein, Wut und Verlust – das sind nur einige der vielen Möglichkeiten, wie wir oft diese kostbaren Teile unserer selbst verlieren. Logion 97 des Thomasevangeliums, das Gleichnis von der Frau und dem Krug, erinnert uns besonders direkt und überzeugend an die Konsequenzen, die sich ergeben, wenn wir im Lauf der Zeit immer mehr Verluste anhäufen. Hier ist das vollständige Gleichnis:

> **Das Königreich des Vaters gleicht einer Frau, die einen Krug trägt, angefüllt mit Mehl. Während sie auf dem Weg ging und weit entfernt von zu Hause war, brach der Henkel des Kruges, und das Mehl rieselte hinter ihr auf den Weg. Sie**

jedoch wusste es nicht; sie hatte kein Missgeschick wahrgenommen. Als sie in ihr Haus gelangt war, stellte sie den Krug auf den Boden und fand ihn leer.[1]

Was bedeutet dieses Gleichnis?

Ein genauerer Blick auf die Aussagen in diesem Gleichnis 1 zeigt uns eine machtvolle Wahrheit über uns und unsere Beziehung zur Liebe. Wir wollen diese Aussagen nacheinander analysieren, um diese Wahrheit offenzulegen.

Satz 1: *Das Königreich des Vaters gleicht einer Frau, die einen Krug trägt, angefüllt mit Mehl.*

Der menschliche Körper wird in biblischer Sprache oft als Gefäß bzw. als Krug bezeichnet, beispielsweise in 2. Timotheus 2,21: *»Wer sich nun von alldem rein hält, gleicht einem Gefäß zu ehrenhaftem Gebrauch, geheiligt, brauchbar für den Hausherrn, zu jedem guten Werk tauglich.«*

Im Gleichnis 1 sind wir der Krug, den die Frau trägt. Wir sind das Gefäß, in dem sich etwas von unermesslichem Wert befindet. Und so wie die Frau nach und nach etwas Wertvolles, was sie trug, verlor – nämlich Nahrung für ihre Familie –, so erinnert uns das Gleichnis daran, wie auch wir etwas Wertvolles aus unserem Gefäß verlieren, oft ohne zu wissen, dass wir es verloren haben: unsere Fähigkeit, Liebe zu empfangen und zu geben.

Das Mehl im Krug ist unsere Liebe, ebenso wie die vielen Ausdrucksformen von Liebe, unter anderem unsere Fähigkeit zu Mitgefühl und Fürsorge. Wie die biblischen Beispiele, etwa im 2. Buch der Korinther, aufzeigen, ist unser Körper das Gefäß, in dem wir den irdischen Schatz unserer Liebe tragen: *»Diesen Schatz tragen wir in zerbrechlichen Gefäßen; so wird deutlich, dass das Übermaß der Kraft* *von Gott und nicht von uns kommt«* (Einheitsübersetzung, 2. Korinther 4,7). Unser ganzes Leben lang schenken wir anderen und uns selbst angesichts der Herausforderungen des Lebens Trost, Fürsorge und Unterstützung durch die verschiedenen Qualitäten der Liebe. Verlieren wir die Menschen, Orte, Tiere und Dinge, die uns lieb und teuer sind, geben uns genau diese Qualitäten die Stärke, unseren Verlust zu überleben und die Erfahrung durchzustehen.

Satz 2: *Während sie auf dem Weg ging und weit entfernt von zu Hause war, brach der Henkel des Kruges, und das Mehl rieselte hinter ihr auf den Weg.*

Wir teilen unsere Liebe, Fürsorge und unser Mitgefühl bereitwillig mit unseren Mitmenschen; deshalb sind dies auch die verwundbarsten Teile, die am ehesten verloren gehen, voller Unschuld weggegeben oder uns von denen genommen werden, die Macht über uns haben. Jedes Mal, wenn wir genug Vertrauen aufbringen, einen anderen Menschen zu lieben oder für ihn zu sorgen, und dieses Vertrauen gebrochen wird, ist das wie der Henkel am Gefäß, der abbricht, wodurch das Mehl unserer Liebe verschüttet werden kann. Durch diese Erfahrung verlieren wir ein wenig von uns selbst. Wir sind nicht mehr so offen, denn wir wollen nicht noch einmal so verletzt werden; oft ist das für uns eine Möglichkeit, unsere tiefsten Verletzungen und den größten Verrat zu überleben. Es ist unser Schutzmechanismus. Und sooft wir den Zugang zu unserem wahrsten Wesen, dem Mitgefühl und der Fürsorge dichtmachen, sinkt unsere Bereitwilligkeit zu lieben, und dadurch sind wir wie das Mehl, das langsam aus dem Krug austritt, den die Frau mit sich trägt.

Satz 3: *Sie jedoch wusste es nicht; sie hatte kein Missgeschick wahrgenommen.*

Nach und nach verlieren wir unsere Fähigkeit, ja unsere Bereitwilligkeit zu lieben. Diesen Verlust nehmen wir oft nicht einmal wahr. Es gibt ein breites Spektrum an Gründen für den Verlust: von Kompromissen und Nachgeben, wenn unangemessene Forderungen an uns gestellt werden, damit es in der Familie keinen Ärger gibt, bis hin zu ungesunden und manchmal sogar illegalen Praktiken, um unser Überleben zu sichern. Das kann so routinemäßig ablaufen, dass wir gar nicht erkennen, wie groß unser Verlust ist. Wie in dem Gleichnis bemerken wir einfach nicht, was passiert – bis wir eines Tages in unser Gefäß greifen und entdecken, wie schwer es uns fällt, einen anderen Menschen zu lieben, weil wir das Fundament der Liebe, die wir einst uns selbst gegenüber hatten, verloren haben.

Satz 4: *Als sie in ihr Haus gelangt war, stellte sie den Krug auf den Boden und fand ihn leer.*

Dann lernen wir irgendwann im Leben jemanden kennen, den wir wirklich lieben möchten, einen Menschen, dem wir uns wirklich öffnen und mitteilen wollen. Wir greifen in unser Gefäß und nach unserer Liebe … und stellen fest, dass keine Liebe mehr vorhanden ist, nur noch eine große Leere, denn im Lauf der Zeit haben wir uns Stück für Stück selbst verloren in Erfahrungen, denen wir uns voller Vertrauen geöffnet hatten.

Die Frau und der Krug – die gute Nachricht

Dieses Gleichnis soll uns in Erinnerung rufen, dass unsere Fähigkeit, einen anderen Menschen zu lieben, in unserer Fähigkeit zur Selbstliebe gründet. Die gute Nachricht, die der Meister Jesus in den nachfolgenden Lehren des Thomasevangeliums mitteilt, lautet: Die Teile von uns, die scheinbar verloren gingen, und die Liebe, die scheinbar abhanden gekommen ist, sind niemals wirklich verschwunden. Sie sind nicht für immer verloren. So wie die Seele niemals zerstört werden kann, geht auch unser wahres Wesen niemals verloren. Wenn die Welt uns unsicher erscheint, haben wir diese Teile unserer selbst nur in Sicherheit gebracht und versteckt. Erkennen wir die Wertungen und Urteile, deretwegen wir unsere tiefsten

Verletzungen verbergen, begeben wir uns auf einen schnellen Weg persönlicher Heilung. Wie wir unsere Wertungen heilen können, zeigt sich in den Gleichnissen, die auf das Gleichnis von der Frau und dem Krug folgen.

In Logion 106 des Thomasevangeliums sagt Jesus: »*Wenn ihr die zwei zu einem macht, werdet ihr Menschensöhne werden. Und wenn ihr sagt: ›Berg, hebe dich weg‹, wird er sich wegheben.*«[2] Anders ausgedrückt: Wenn wir unsere Selbstverurteilungen, die Polaritäten von richtig und falsch, gut und böse, Erfolg und Misserfolg transzendieren, erlangen wir die verloren gegangenen Teile unserer selbst zurück, auch unsere Fähigkeit zu lieben (sozusagen das Mehl in unserem Krug), bevor sie uns entgleitet.

Wenn unserer Krug leer ist

Der Grund, weshalb wir manchmal unsere Überzeugungen, unsere Liebe, unser Vertrauen und unser Mitgefühl verraten, ist ganz einfach: Überleben. Als Kinder haben wir vielleicht herausgefunden, dass es einfacher war, den Mund zu halten, als seine Meinung zu äußern und damit das Risiko einzugehen, von den Eltern, Geschwistern oder Kameraden ausgelacht und heruntergemacht zu werden. Wer in der Familie Beleidigungen, Missachtung oder Missbrauch erfährt, ist durch Nachgeben und Vergessen sehr viel mehr auf der sicheren Seite, als wenn er denen, die Macht über ihn haben, Widerstand entgegensetzt. Als Gesellschaft akzeptieren wir beispielsweise gemeinhin das Töten anderer Menschen im Krieg, und jemandem das Leben zu nehmen, wird dann wegen »besonderer Umstände« gerechtfertigt.

Wir alle sind darauf konditioniert worden, uns im Fall von Konflikten, Krankheit oder überwältigenden Emotionen aufzugeben – die einen mehr, die anderen weniger. Manchmal opfern wir uns ganz bewusst, doch meistens geschieht das auf eine Art und Weise, die wir erst jetzt allmählich verstehen. Immer haben wir dabei die Chance, eine starke Möglichkeit zu erkennen anstatt ein Urteil darüber, was richtig und falsch ist. Jedes Teil unserer selbst, das wir aufgegeben haben, um an den Punkt im Leben zu gelangen, an dem wir heute sind, hat eine Leere hinterlassen, die darauf wartet, gefüllt zu werden. Ständig sind wir auf der Suche nach dem, was fehlt, und werden alles tun, um diese bestimmte Leere zu füllen.

In anderen Menschen das finden, was wir in uns selbst verloren haben

Treffen wir jemanden, der in sich genau die Eigenschaften trägt, die wir verloren oder weggegeben haben oder die uns von jemandem genommen wurden, der Macht über uns hat, geraten wir völlig aus dem Häuschen. Diese Person füllt mit ihrer komplementären Essenz unsere innere Leere, und wir sagen, wir fühlen uns »ganz« oder »vollständig«. Wir tun alles, um dieses Gefühl der Ganzheit am Leben zu erhalten. Genau deshalb übt ein solcher Mensch ohne offensichtlichen Grund eine magnetische und geheimnisvolle Anziehungskraft auf uns aus. Was uns so stark und unwiderstehlich anzieht, sind unsere »fehlenden Teile«, die wir in dieser Person entdecken. Wir meinen womöglich sogar, dass wir diesen Menschen in unserem Leben »brauchen« – bis uns einfällt, dass wir das, was uns so anzieht, eigentlich immer noch in uns haben; es ist nur »eingeschlafen«. Werden wir uns bewusst, dass wir diese Merkmale und Eigenschaften nach wie vor in uns tragen, können wir sie aufdecken und wieder in unser Leben integrieren. Dann fühlen wir uns plötzlich auch nicht mehr so stark, magnetisch und unerklärlich zu der Person hingezogen, die uns diese Eigenschaften gespiegelt hat.

Unsere Gefühle für andere als das zu erkennen, was sie sind, und nicht als das, was unsere Konditionierung daraus gemacht hat, ist der Schlüssel für die geheimnisvolle Anziehungskraft der betreffenden Person. Dieses unerklärliche Gefühl in Anwesenheit dieser Person – dieser Magnetismus und das Feuer, das uns ein solches Gefühl der Lebendigkeit gibt – das sind eigentlich wir selbst! Es ist die Essenz der Teile, die wir verloren haben, und die Erkenntnis, dass wir sie in unserem Leben zurückhaben möchten.

Eine Übung …
In anderen das erkennen, was wir verloren haben

Wir alle haben es meisterhaft verstanden, Teile unserer selbst wegzugeben, als wir es für nötig hielten, um physisch oder emotional zu überleben. In einem solchen Moment nehmen wir uns schnell als »weniger als« wahr und tappen in die Fallen unserer Überzeugungen, die uns sagen, was da noch übrig ist. Manchen Menschen passiert ein solcher Kompromiss, noch bevor sie es überhaupt wissen, und sie erkennen nicht, was geschehen ist. Andere entscheiden sich ganz bewusst dafür.

Wenn Sie jemanden kennenlernen, der ein Gefühl der Vertrautheit in Ihnen wachruft, sollten Sie sich wirklich darauf einlassen. Beide Beteiligten erleben in diesem Moment etwas Seltenes und Kostbares. Sie haben gerade jemanden gefunden, der die Teile, nach denen Sie auf der Suche sind, noch in sich trägt. Eine solche Erfahrung ist oft gegenseitig, denn die andere Person fühlt sich vielleicht aus demselben Grund von Ihnen angezogen!

Hören Sie auf Ihr Urteilsvermögen, und wenn Sie das Gefühl haben, es sei stimmig, beginnen Sie ein Gespräch mit dieser Person. Sprechen Sie über irgendetwas, um in Augenkontakt zu bleiben. Während des Gesprächs stellen Sie sich im Stillen diese einfache Frage: *Was sehe ich in diesem Menschen, was mir fehlt, weil ich es verloren oder weggegeben habe oder weil es mir von jemandem genommen wurde, der Macht über mich hat?* Es wird praktisch sofort eine Antwort in Ihrem Kopf hochkommen; das kann etwas so

Einfaches sein wie ein Gefühl der Erkenntnis oder eine ganz klare innere Stimme, die Sie schon seit Ihrer Kindheit kennen.

Solche Antworten werden oft in einzelnen Wörtern oder kurzen Sätzen gegeben. Ihr Körper weiß, was für Sie einen Sinn ergibt. Vielleicht sehen Sie in dieser Person einfach eine Schönheit, die Sie derzeit in sich selbst vermissen; das könnte die Unschuld sein, mit der dieser Mensch durchs Leben geht, oder die Anmut beim Gang durch den Supermarkt, das Vertrauen in sich selbst bei der Erledigung von Aufgaben oder die strahlende Vitalität dieser Person.

Ihr Treffen dauert womöglich nur ein paar Sekunden oder höchstens ein paar Minuten. Dieser kurze Moment ist Ihre Chance, die Freude und Heiterkeit des Moments zu spüren. Das sind Sie, und Sie finden in diesem Augenblick etwas von sich selbst in einem anderen Menschen, etwas, das Sie bereits haben – und Sie spüren, wie es sich anfühlt, dieses Etwas zum Leben zu erwecken.

Gesteht man sich das ein, dann ist die Vertrautheit, die man in solchen kurzen, unseren Verlust widerspiegelnden Begegnungen spürt, wahrscheinlich etwas, was uns tagtäglich ins Gesicht blickt. Wir finden diese Vollständigkeit in uns, wenn andere uns unser wahrstes Wesen spiegeln. Wir alle suchen gemeinsam nach Ganzheit. Als Einzelpersonen schaffen wir Situationen, in denen wir sie finden können. Von Priestern über Lehrer bis hin zu älteren Menschen, die jungen Leuten zuschauen, beispielsweise Eltern, die ihre Kinder beobachten – sie alle sind Katalysatoren für Gefühle.

In diesen Gefühlen finden wir, wonach wir uns innerlich sehnen, das, was nach wie vor in uns ist, aber verborgen ist hinter unserer Maske der Person, für die wir uns halten. Es ist etwas ganz Natürliches; es ist menschlich. Wenn Sie verstehen, was Ihre Gefühle gegenüber anderen Menschen wirklich über Sie selbst aussagen, könnte das Ihr mächtigstes Werkzeug werden, mit dessen Hilfe Sie Ihre größte Kraft entdecken.

Verwendung von Gleichnis 1

Lesen Sie dieses Gleichnis im Stillen oder laut. Bei jedem Satz überlegen Sie, wie das Thema dieses alten Gleichnisses als Metapher betrachtet werden könnte, die etwas mit Ihrem heutigen Leben zu tun hat. Stellen Sie sich im Stillen die folgenden Fragen:

- Erkenne ich eine Parallele zwischen der Frau, die auf der Straße einen Krug voll Mehl trägt, und *mir* als menschlichem Gefäß, das Liebe, Vertrauen und Glauben auf der Reise durchs Leben trägt?

- Habe ich vielleicht wie die Frau, die nicht merkte, dass das Mehl langsam aus ihrem Krug auslief, Teile meiner selbst verloren, weggegeben oder mir von Leuten nehmen lassen, die Macht über mich haben/hatten? Habe ich meine Kräfte in der Fürsorge für meine Familie und meine Kunden mit der Zeit erschöpft und diesen Verlust nicht bemerkt?

- Als die Frau nach dem Mehl im Krug griff, war er leer. Habe ich im Lauf meines Lebens so viel von mir selbst weggegeben – mein emotionales Gefäß leer gemacht –, dass es jetzt für mich schwierig ist, voll und ganz zu lieben, wenn ich es wirklich möchte?

- Wie stelle ich es an, die Teile meiner selbst zurückzugewinnen, die ich verloren oder weggegeben habe oder die mir von Leuten genommen wurden, die Macht über mich haben/hatten?

Achten Sie darauf, welche Menschen Sie gern um sich haben und in deren Gesellschaft Sie sich wohlfühlen.

Gleichnis 2

DER VERGIFTETE PFEIL

Einsatz:
Dieser Weisheitscode zeigt uns, wie nützlich es für uns ist, wenn wir uns mit unseren Lebensumständen unverzüglich auseinandersetzen, anstatt auf Voraussetzungen zu warten, die womöglich nie eintreten werden.

Quelle:
Das Gleichnis vom vergifteten Pfeil, ein Diskurs aus dem buddhistischen Sutta Pitaka (»Korb der Lehrreden«)

Das Gleichnis vom Giftpfeil beschreibt eine hypothetische Situation, welche die Grundlage für eine in der buddhistischen Gemeinschaft bekannte belehrende Erzählung bildet. Die Überlieferung besagt, dass Buddha dieses Gleichnis als Antwort auf wiederholte Fragen zu Themen erzählt, die seiner Meinung nach irrelevant sind und deshalb nicht erforscht werden müssen. Auf Bitten eines Mönchs, Antworten auf eine Reihe philosophischer Fragen über die Natur des Lebens, den Kosmos, die Realität und die menschliche Existenz zu geben, lehnt es Buddha in diesem Diskurs ab, jedes einzelne dieser Themen anzusprechen, da die Antworten jenseits menschlicher Erkenntnis liegen. Der als Sabbasava Sutta (oder Sutra) bekannte Text nennt die 16 Fragen, die der Mönch stellt, wie folgt:

> **Was bin ich? Wie bin ich? Bin ich? Bin ich nicht? Habe ich in der Vergangenheit existiert? Habe ich in der Vergangenheit nicht existiert? Was war ich in der Vergangenheit? Wie war ich in der Vergangenheit? Was wurde ich aufgrund dieser Vergangenheit? Werde ich in der Zukunft existieren? Werde ich in der Zukunft nicht existieren? Was werde ich in der Zukunft sein? Wie werde ich in der Zukunft sein? Was werde ich aufgrund der Vergangenheit in Zukunft sein? Woher kam diese Person? Wohin wird sie gehen?**

Als Buddha dazu gedrängt wird, auf die Frage des Mönches zu antworten, sagt er, es sei Zeitverschwendung, sich über solche esoterischen Fragen Gedanken zu machen. Mit dem Gleichnis vom vergifteten Pfeil veranschaulicht Buddha, warum das sein Gefühl ist und worauf er seine Antwort gründet.

In seinem Buch *Schlüssel zum Zen* stellt der buddhistische Gelehrte Thich Nhat Hanh folgende Version des Gleichnisses vom vergifteten Pfeil vor:

> **Nehmen wir an, jemand wird von einem Giftpfeil getroffen und der Arzt möchte den Pfeil unverzüglich aus der Wunde**

entfernen. Stellen wir uns vor, der Mensch wollte sich erst dann den Pfeil herausnehmen lassen, wenn er wisse, wer ihn geschossen habe, wie alt er sei und wer seine Eltern seien und warum er ihn geschossen habe. Was würde geschehen? Würde er warten, bis er eine Antwort auf alle diese Fragen bekäme, dann würde er lange vorher schon sterben.[1]

Was bedeutet das Gleichnis?

Diese prägnante Parabel ruft uns drei Faktoren in Erinnerung, die manchmal zwischen uns und der Erfüllung unserer Träume, Wünsche, Ziele und Potenziale stehen:

- Manchmal schaffen wir Zerstreuungen, die uns von wichtigen Entscheidungen und rechtzeitigem Handeln ablenken.
- Indem wir Entscheidungen auf die lange Bank schieben, schaffen wir manchmal Umstände, die schlimmer sind als die ursprüngliche Situation, die wir umgehen wollen.
- Zögern wir schwierige Entscheidungen hinaus, haben wir in der Folge weniger Wahlmöglichkeiten.

Schauen wir uns das Gleichnis einmal Schritt für Schritt an. Um seine Denkweise zu veranschaulichen, präsentiert Buddha diese hypothetische Geschichte, wie ein Mann einen Weg entlanggeht und plötzlich von einem vergifteten Pfeil getroffen wird, der von einem unsichtbaren und unbekannten Bogenschützen abgeschossen wurde. Er erleidet eine ernsthafte Verletzung und blutet stark. Man bringt ihn zu einem Arzt, um den Pfeil entfernen zu lassen und den Blutverlust zu stoppen.

Ablenkungen

Doch beim Arzt zögert der Mann das Ganze hinaus, indem er Faktoren findet, die erst einmal angegangen werden müssen – Ablenkungen, die als Fragen maskiert sind –, *bevor* der Pfeil entfernt wird. Auf die von ihm gestellten Fragen gibt es allerdings keine schnellen Antworten. Zuerst will der Mann wissen, wer den Pfeil abgeschossen hat. Dann will er wissen, wie alt der Bogenschütze ist, dann will er etwas über dessen Familie erfahren, und schließlich will er herausfinden, warum nur er die Zielscheibe war.

Aufschieben

Diese Fragen sind zwar durchaus vernünftig, und Antworten darauf könnten informativ, ja sogar interessant sein, aber sie sind nicht notwendig. Der Arzt braucht diese Antworten nicht, um die unmittelbare Bedrohung zu beseitigen und den Pfeil herauszuziehen, der im Körper des Mannes steckt. Mit den Fragen kann der Mann den sicherlich schmerzhaften Vorgang hinauszögern und das Entfernen des Pfeils aufschieben.

Folgen

Auf die Fragen gibt es keine sofortigen Antworten, und das Geheimnis um den Bogenschützen kann nicht jetzt sofort gelöst werden. Das Aufschieben ist für den Mann lebensgefährlich. Klug wäre es vielmehr, die Gefahr zu beseitigen, also den Pfeil sofort zu entfernen, um die Heilung einzuleiten. Geschieht das nicht, wird der Mann noch mehr Blut verlieren und schließlich sterben.

Wie so viele Gleichnisse weist die Geschichte auf etwas Wichtiges hin, wird aber nicht zu Ende erzählt. Wir erfahren nicht, ob der Pfeil entfernt wird oder ob der Mann sein hartnäckiges Beharren auf Antworten überleben wird.

Unsere Frage

Wie oft lenken wir uns ab, um eine schwierige Entscheidung aufzuschieben? Wie oft rechtfertigen wir das Aufschieben einer Entscheidung mit der Behauptung, wir bräuchten mehr Informationen, obwohl wir die Entscheidung intuitiv bereits getroffen haben? Und wie oft stellen wir dann fest, dass unsere Beziehungen, unsere Gesundheit, unser Job wegen unserer Verzögerungstaktik noch schwieriger und komplexer geworden sind?

Von persönlichen Problemen mit Nähe und Intimität bis hin zu globalen Themen wie dem Klimawandel erleben wir, wie wir durch Ablenkung unsere Entscheidungen fast tagtäglich hinauszögern. Wie viel mehr Informationen brauchen wir beispielsweise, um einzusehen, dass wir in einer ungesunden Beziehung stecken, bevor wir uns endlich entscheiden, uns selbst etwas Gutes und Gesundes zu tun und die Beziehung aufzugeben? Wie viel Studien über Eisbohrkerne und Meerespegelmessungen brauchen wir noch, bevor wir endlich einsehen, dass der Klimawandel eine Tatsache ist und wir uns schnellstmöglich an diese Veränderungen anpassen müssen? In solchen Situationen verhalten wir uns wie der Mann, der vom Pfeil getroffen wird. Wir brauchen keine Hintergrundinformationen, um zu verstehen, welche Lebensumstände uns in Stress versetzen. Wir müssen nichts über den Missbrauch unseres Partners bzw. unserer Partnerin in der Kindheit, vorige Beziehungen oder gesundheitliche Probleme wissen, um uns darüber klar zu werden, dass das, was gerade passiert, für uns nicht gut ist. Vielleicht streiten wir uns ein weiteres Vierteljahrhundert über die Ursachen des Klimawandels, aber diese historischen Informationen brauchen wir nicht, um zu wissen, dass wir uns jetzt anpassen müssen.

Es ist so wie bei dem Mann mit dem Pfeil: Wir zögern, uns vom »Gift« einer ungesunden Beziehung zu befreien, oder reagieren nicht auf den Klimawandel, und dadurch erliegen wir womöglich dem Gift, bevor wir mit unseren Ablenkungen zum Ende gekommen sind. Und wie bei dem Mann mit dem vergifteten Pfeil ist es so: Je früher wir das Gift aus unserem Leben entfernen, desto früher kann unsere Heilung einsetzen.

Verwendung von Gleichnis 2

Lesen Sie dieses Gleichnis im Stillen oder laut. Fokussieren Sie sich auf Ihr Herz, wie im Kapitel »Die Verwendung der Weisheitscodes« beschrieben (siehe Seite 21 ff.), und stellen Sie sich im Stillen die folgenden Fragen:

- Erkenne ich eine Parallele zwischen dem von dem Pfeil getroffenen Mann und seiner Art, wie er für Ablenkungen sorgte, um den Schmerz beim Entfernen des Pfeils aus seinem Körper hinauszuzögern …, und der Art und Weise, wie ich derzeit mit schwierigen Entscheidungen in meinem Leben umgehe?

- Welches Thema bzw. welche Themen oder Menschen in meinem Leben sind derzeit Gift für meine Gesundheit, meine Träume und Wünsche, so wie der vergiftete Pfeil in diesem Gleichnis?

- Welche Folgen hat mein Aufschieben und Zaudern?

- Was sind die besten verfügbaren Optionen, um Verantwortung für meine Situation und die heute anstehenden Entscheidungen zu übernehmen?

Achten Sie auf die Antworten, die Ihnen zuteilwerden, wenn Sie diese Fragen aus dem Geist des Einsseins Ihres Herzens statt aus Ihrem polaren Kopf heraus stellen.

NOTIZEN

Wenn du mit wenig zufrieden bist,
kannst du viel gewinnen.
Wenn du viel suchst,
wirst du vom rechten Weg abkommen.

Der Weise

beachtet diesen Grundsatz. [...]
Der Weise vertraut nicht nur seinen physischen Augen – folglich kann er klar sehen.
Der Weise denkt nicht von sich,
nur er alleine sei im Recht –
folglich kennt er die Wahrheit.
Er sucht nicht den Ruhm –
doch die Menschen respektieren ihn.
Er sucht nicht die Macht –
doch folgen ihm die Menschen.
Er kämpft nicht mit jemandem –
folglich kann ihn niemand bezwingen.
Er fühlt kein Mitleid mit sich selbst –
folglich kann er sich erfolgreich entwickeln.

Nur derjenige, der sich nicht vor andere
zu stellen sucht,
ist fähig, mit jedem in Harmonie zu leben.
Der Weise kümmert sich um jeden,
und er wird für alle ein Beispiel.
Er ist hell, aber er will nicht glänzen.
Er preist sich nicht selbst –
doch wird er akzeptiert.
Er erhöht sich nicht selbst –
doch er wird von anderen hoch geschätzt.
Im Altertum erzählten die Menschen,
dass der Unvollkommene sich verändert,
um perfekt zu werden.
Sind diese Worte leer?
Nein! Wahrlich, durch das Erreichen der
Einheit kommst du zur Perfektion.

Laotse, *Tao Te King* [22. Wert der Demut],
nach Wladimir Antonow, Ph.D.,
aus dem Englischen übersetzt von Kathrin Laich;
https://www.swami-center.org/de/text/tao_te_king.pdf

Dank

Die Weisheitscodes ist das neunte Buch, das ich bei Hay House herausbringe. Doch das Schreiben an sich bildete nur den Anfang der gemeinsamen Arbeit hin zur Veröffentlichung des Buches. In einem Prozess, der für die meisten Leser und Leserinnen nie sichtbar wird, musste eine engagierte Gemeinschaft aus Redakteuren, Korrektoren, Grafikdesignern, Social-Media-, Marketing- und Werbestrategen, Veranstaltern, Vertriebsmitarbeitern, Distributoren und Einkäufern im Buchhandel ihre Termine so koordinieren, dass dieses Buch wirklich zum versprochenen Zeitpunkt vorlag. Obwohl ich die meisten Menschen dieser Gemeinschaft nie persönlich kennenlernen werde, weiß ich, dass sie da sind, und es ist mir eine große Ehre, diese Reise gemeinsam mit ihnen zu unternehmen. Ich bin ihnen ewig dankbar für all das, was sie jeden Tag tun, um die Informationen, Erkenntnisse, Techniken und menschlichen Geschichten zu teilen, die diese Welt zu einem besseren Ort machen. Ich möchte die Gelegenheit nutzen, meinen Dank an all jene auszusprechen, deren Bemühungen direkt dazu beigetragen haben, dieses Buch zu ermöglichen. Mein Dank gilt besonders den folgenden Menschen:

Louise Hay für ihren unerschütterlichen Glauben an unser Potenzial, zu heilen und uns selbst zu lieben, damit wir heilen können, und dafür, dass sie ihre Vision als die außergewöhnliche Familie zum Ausdruck gebracht hat, zu der Hay House geworden ist. Obwohl Louise die Welt verließ, bevor *Die Weisheitscodes* fertiggestellt wurde, legte ihre intuitive Philosophie den Grundstein für das Verfassen dieses Buches.

Reid Tracy für seine Vision und sein persönliches Engagement, die die wirklich außergewöhnliche Geschäftsbeziehung zu Hay House prägen, und besonders für seine Unterstützung, seinen fundierten Rat und sein bereits seit 16 Jahren gezeigtes Vertrauen in mich und meine Arbeit. Ich freue mich darauf, zu sehen, wohin uns die nächsten 16 Jahre führen werden.

Margarete Nielsen, COO, für ihre Vision, ihr Engagement und ihre Führungsqualitäten. Besonders dankbar bin ich für ihren klugen Rat, der mir von meinem Schreibtisch in New Mexico aus ein Fenster in die große, sich ständig verändernde Welt der Medien und des Verlagswesens öffnet, für ihr Vertrauen in mich und meine Entscheidungen sowie für ihre stetige Freundschaft und Unterstützung.

Patty Gift, Vizepräsidentin und Herausgeberin. Wer hätte sich 1999, als ich bei ihr bei Harmony Books anfing, vorstellen können, wohin unsere Reise führen würde? Ich danke Patty für ihr Vertrauen, ihren Rat, ihre Weisheit und ihre Unterstützung in zwei Jahrzehnten, in denen sich das Leben und die Welt verändert haben. Vor allem danke ich ihr für ihre unerschütterliche Freundschaft.

Anne Barthel, Redaktionsdirektorin von Hay House US. Sie ist mein Literaturguru, eine fantastische Lektorin, mein zuverlässiger Resonanzboden und inzwischen auch meine liebe Freundin, und es ist für mich ein großes Geschenk und eine Ehre, sie zu kennen.

Jedem einzelnen der großartigsten Menschen, mit denen ich mir je vorstellen konnte zusammenzuarbeiten, darunter die vielen Mitglieder unserer globalen Hay-House-Familie: Sergio Garcia und alle Mitglieder unseres Web-Teams; Alexandra Israel, Senior-Publizistin und meine außergewöhnliche global zuständige Publizistin; Lindsay McGinty, stellvertretende Direktorin für Öffentlichkeitsarbeit und Buchmarketing und meine Publicity-Managerin; Tricia Breidenthal, Art Director, und ihr Team aus geduldigen und begabten Designern und Künstlern; Rocky George, der perfekte Tontechniker mit dem Ohr für den richtigen Sound; und Melissa Brinkerhoff, Leiterin der Kundenbetreuung, dafür, dass sie immer für mich und mein Büro da war, um uns bei der Erprobung neuer Modelle für den Austausch der Ideen in meinen Büchern und für die perfekt bestückten Büchertische bei unseren Konferenzen zu unterstützen. Ihr alle seid absolut die Besten! Ich könnte mir keine großartigere Gruppe von Menschen und kein engagierteres Team zur Unterstützung meiner Arbeit wünschen. Eure Begeisterung und Professionalität sind unübertroffen, und ich bin stolz darauf, Teil all der guten Dinge zu sein, die die Hay-House-Familie in unsere Welt bringt.

Ich bedanke mich bei Ned Leavitt, meinem wunderbaren Literaturagenten, für seine Weisheit, Integrität und die menschliche Note, die er bei jedem Meilenstein einbringt, den wir gemeinsam erreichen. Durch seine Führung und Betreuung in der sich ständig verändernden Welt des Verlagswesens haben wir unzählige Menschen in über 70 Ländern auf sechs Kontinenten mit unserer machtvollen Botschaft der Hoffnung und der Chancen erreicht. Ganz besonders schätze ich seine Freundschaft und sein Vertrauen.

Mein aufrichtiger Dank und meine tiefste Wertschätzung gehen an Stephanie Gunning, meine außerordentliche Lektorin, die schon bei der ersten Zeile vor 16 Jahren dabei war und mir nach wie vor eine liebe Freundin ist. Ich hege tiefsten Respekt vor ihrer Weltkenntnis, ihren Sprachkenntnissen und ihrer Fähigkeit, jedes unserer Bücher so zu behandeln, als wäre es unser erstes, und ich danke ihr dafür, dass sie ihre Talente so großzügig in jedes unserer Projekte einbringt.

Ich bin stolz darauf, Teil des virtuellen Teams und der Familie zu sein, die im Lauf der Jahre um meine Arbeit herum gewachsen ist; dazu zählt auch Lauri Willmot, meine liebe Freundin und Vertraute seit 1996 und inzwischen Geschäftsführerin unseres Unternehmens Wisdom Traditions. Ich bewundere ihre Stärke, ihre Weisheit und ihr klares Denken, respektiere sie zutiefst und schätze, wie sie immer und vor allem dann für mich da ist, wenn es darauf ankommt. Ich freue mich auf den neuen Weg, den wir eingeschlagen haben, und bin gespannt, wohin er uns führen wird. Lauri, du kannst dich erst zurückziehen, wenn ich das tue!

Ein weiterer Dank geht an Rita Curtis, meine Geschäftsführerin und inzwischen meine gute Freundin: Ich weiß ihre Vision, ihre Klarheit und ihre Fähigkeiten, die uns jeden Monat von hier nach dort bringen, sehr zu schätzen. Vor allem schätze ich ihr Vertrauen, ihre Offenheit für neue Ideen und unsere wachsende Freundschaft.

Ich bedanke mich bei Elan Cohen, dem großartigen Veranstalter, Live-Event-Direktor und inzwischen mein lieber Freund. Ich danke ihm für seine visionären Fähigkeiten, sein Vertrauen in mich, seine Offenheit für meine Ideen und seine Freude, mit der wir uns weiterhin auf diese Reise begeben, die wir vor über 15 Jahren gemeinsam begonnen haben.

Ich danke meiner Mutter Sylvia, die meine frühe Leidenschaft für Wissenschaft, Kunst und Musik unterstützte, auch wenn sie sie nicht verstand, und meinem jüngeren Bruder Eric für ihre unerschöpfliche Liebe und dafür, dass sie immer an mich geglaubt haben. Wir sind zwar nur eine kleine Kernfamilie, doch unsere »erweiterte« Familie all derer, die in Liebe miteinander verbunden sind, ist unglaublich groß. Sie bereichert jeden Tag meines Lebens.

Meiner wunderbaren Frau Martha danke ich für ihre dauerhafte Freundschaft, ihre sanfte Weisheit und ihre allumfassende Liebe, die mich jeden Tag meines Lebens begleitet. Zusammen mit unseren pelzigen Mitbewohnern Woody »Bear«, der neuen kleinen Willow und dem kürzlich verstorbenen Nemo ist sie die Familie, zu der ich nach jeder Reise gerne wieder nach Hause komme. Ich bin zutiefst dankbar für all das, womit sie mein Leben bereichert.

Ein ganz besonderer Dank gilt allen, die meine Arbeit, Bücher, Aufnahmen und Live-Präsentationen über die Jahre hinweg unterstützt haben. Ich bewundere ihre Vision einer besseren Welt und ihre Leidenschaft, diese Welt Wirklichkeit werden zu lassen. Durch sie wurde ich ein besserer Zuhörer und habe die Worte vernommen, die es mir ermöglichen, diese machtvolle Botschaft der Hoffnung und der Chancen weiterzugeben. Ihnen allen werde ich immer dankbar sein.

Anmerkungen und Quellenangaben

[Anm. d. Übers. = Anmerkung der Übersetzerin;
Anm. dt. Redakt. = Anmerkung der deutschen Redaktion]

Zitate am Anfang

1 Aus: Andrew Newberg, M.D., und Mark Robert Waldman, *Words Can Change Your Brain: 12 Conversation Strategies to Build Trust, Resolve Conflicts, and Increase Intimacy* (New York: Hudson Street Press, 2012): 3; dt. Ausgabe: *Die Kraft der Mitfühlenden Kommunikation: Wie Worte unser Leben ändern können* (Kailash, 2013; zurzeit nur noch antiquarisch erhältlich).

2 Aus: Emily Dickinson, *Letters* [Briefe].

Einführung

1 Benjamin Lee Whorf, »Science and Linguistics«, Erstveröffentlichung in *MIT Technology Review* 42, Nr. 6 (April 1940): 229–231; Nachdruck in *Language, Thought, and Reality: Selected Writings of Benjamin Lee Whorf*, Hrsg. John B. Carroll (Cambridge, MA: The MIT Press, Massachusetts Institute of Technology, 1956): 212–214. Benjamin Lee Whorf starb 1941 an Krebs, noch bevor er eine vollständige Version seiner Theorien veröffentlichen konnte. Er hatte vor seinem Tod zwar erfolgreich eine Reihe von Artikeln herausgebracht, unter anderem den oben genannten Artikel, doch die letztgültige Darstellung seiner Arbeit wurde posthum von Kollegen veröffentlicht. Einer der Artikel, mit denen Whorfs Ideen heutzutage normalerweise referenziert werden, ist zum Beispiel »The Systematization of the Whorf Hypothesis« von G. L. Trager.

2 Roberto Cazzolla Gatti, »A Conceptual Model of New Hypothesis on the Evolution of Biodiversity«, *Biologia* 71, Nr. 3 (März 2016): 343, https://doi.org/10.1515/biolog-2016-0032. Wissenschaftliche Erkenntnisse des 21. Jahrhunderts haben das 150 Jahre lange Denken auf Basis von Charles Darwins Modell der Grundprinzipien natürlicher Systeme auf den Kopf gestellt. Die Natur basiert auf Zusammenarbeit, nicht auf Wettbewerb und Konkurrenzdenken.

3 Andrew Newberg, M.D., und Mark Robert Waldman, *Words Can Change Your Brain: 12 Conversation Strategies to Build Trust, Resolve Conflicts, and Increase Intimacy* (New York: Hudson Street Press, 2012): 3;

dt. Ausgabe: *Die Kraft der Mitfühlenden Kommunikation: Wie Worte unser Leben ändern können* (Kailash, 2013; zurzeit nur noch antiquarisch erhältlich). Dieses wegweisende Buch unterstützt die Vorstellungen von Benjamin Lee Whorf im 20. Jahrhundert und bringt die Beziehung zwischen Wort und Mensch von der Ebene der Neuronen auf die noch tiefere Ebene der Genexpression.

4 Andrew Newberg, M.D., und Mark Robert Waldman, *Words Can Change Your Brain,* Therese J. Borchard, PsychCentral.com, 27. Mai 2019, https://psychcentral.com/blog/words-can-change-your-brain-2.

Die Verwendung der Weisheitscodes

1 Die Quick-Coherence®-Technik wurde vom 1991 gegründeten HeartMath Institute entwickelt. Sie basiert auf drei Jahrzehnten wegweisender neurobiologischer Forschungsarbeit, der neue Entdeckungen über das Vorkommen von Neuronen im Herzen, über Herz-Gehirn-Kohärenz und die Beziehung zwischen dem menschlichen Herzen und den Magnetfeldern der Erde zu verdanken sind.

2 Wissenschaftliche Informationen über Herz-Gehirn-Kohärenz finden sich auch in den ersten beiden Kapitels meines Buches *Resilience from the Heart: The Power to Thrive in Life's Extremes* (Carlsbad, CA: Hay House, 2015). Es wurde ursprünglich 2014 unter dem Titel *The Turning Point: Creating Resilience in a Time of Extremes* veröffentlicht und erschien dann auf dem deutschsprachigen Buchmarkt unter dem Titel *Resilienz in Zeiten extremer Veränderung – Persönlichen und gesellschaftlichen Wandel aktiv gestalten* (KOHA 2014). In der späteren, erweiterten englischsprachigen Ausgabe wurden die Techniken und die Anwendung von Herzfokus und herzbasierter Kohärenz bei der Erreichung persönlicher Resilienz hervorgehoben.

Die Worte sind die Codes

1 Aus: Patrick Rothfuss, *The Name of the Wind* (New York: DAW Books, 2007); dt. Ausgabe: *Der Name des Windes [Die Königsmörder-Chronik, 1. Tag]* (Stuttgart: Klett-Cotta).

2 Neil Douglas-Klotz, *Prayers of the Cosmos: Meditations on the Aramaic Words of Jesus* (San Francisco, CA: HarperSanFrancisco, 1994): 86f.; dt. Ausgabe: *Das Vaterunser: Meditationen und Körperübungen zum kosmischen Jesusgebet* (München: Droemersche Verlagsanstalt Th. Knaur Nachf., 1992/2000): 121.

3 Anm. dt. Redakt.: Die Einheitsübersetzung 2016 ist auch online zu finden: https://www.bibleserver.com/EU/. Die Webseite https://www.die-

bibel.de/online-bibeln der Deutschen Bibelgesellschaft bietet die Texte verschiedener deutscher Bibelausgaben online an.

4 Die unter dem Namen »Nag-Hammadi-Bibliothek« bekannten Schriftrollen – die ältesten und vollständigsten bislang bekannten Aufzeichnungen der Schriften des Neuen Testaments – wurden 1945 in Ägypten entdeckt, nur ein Jahr vor den Schriftrollen vom Toten Meer in den Höhlen von Qumran. Dieser Fund war signifikant und auch umstritten, denn wie die Funde zeigten, waren viele Texte aus dem Bibelkanon der katholischen Kirche im 4. Jahrhundert entfernt worden, unter anderem dieses Evangelium. – Anm. dt. Redakt.: Die hier (auf Deutsch) zitierte Stelle stammt aus der Übersetzung des Berliner Arbeitskreises für Koptisch-Gnostische Schriften, die – mit Ausnahme der Logien 43–85 – z.B. unter static.uni-graz.at/fileadmin/kath-institute/Neues-Testament/evth.pdf zugänglich ist (Stand: Juni 2020/Juli 2024). Eine »vollständige« Version des Thomasevangeliums ist z.B. unter https://www.ewigeweisheit.de/apokryphen/gnosis/das-thomas-evangelium zu finden (Stand: Juni 2020/Juli 2024), aber auch auf diversen anderen Webseiten. Erhältlich sind Übersetzungen des Thomasevangeliums (oft mit Erläuterungen) auch in Buchausgaben.

Teil 1: Schutz

1 *»I don't know if what I'm afraid of is the state of the world. Rather, I think what I'm afraid of is the state of my attitude about the state of the world.«* »Craig D. Lounsbrough Quotes«, Goodreads.com, aufgerufen am 12. August 2019.

Weisheitscode 1: Psalm 91

1 Anm. dt. Redakt.: Im Deutschen haben wir bei Psalm 91 auf die geläufige Übersetzung nach Martin Luther zurückgegriffen (auch online unter https://www.bibleserver.com).

2 Anm. dt. Redakt.: In der englischsprachigen Originalausgabe hat Gregg Braden die Bibelstelle *»Blessed be Abram by God Most High …«* ausdrücklich nach den altöstlichen Texten bzw. der Übersetzung der Peschitta von George M. Lamsa aus dem Aramäischen ins Englische (Philadelphia: A. J. Holman Company, 1933) zitiert. Es folgt deshalb in diesem Kommentar Gregg Bradens Erläuterung zur »Peschitta«:

Die Peschitta-Version ist eine Übersetzung der christlichen Bibel aus dem ursprünglichen Aramäisch, einem syrischen Dialekt, der um das 3. Jahrhundert herum gesprochen wurde. Das Wort »Peschitta« bedeutet so viel wie »die Einfache«.

Anm. dt. Redakt.: Von George Lamsa erschien auf Deutsch: *Die Evangelien in aramäischer Sicht* (1963; 6. Aufl. 2017).

Weisheitscode 2: Buddhistisches Zufluchtsgebet

1 Ein Audio-Tutorial, wie das tibetische Zufluchtsgebet gesprochen wird, ist auf Lobsang Wangdus Webseite zu finden: https://www.yowangdu.com/tibetan-buddhism/refuge-prayer.html (aufgerufen am 19. August 2019). Lobsang Wangdu, ein Tibeter, lebt in den USA, war früher ein buddhistischer Mönch und hat einen Masters-Abschluss in Madhyamaka des Institute of Buddhist Dialectics in Dharamsala, Indien [Anm. d. Übers.: Madhyamaka: Philosophenschule des Mahāyāna-Buddhismus].

2 Anm. dt. Redakt.: Siehe die deutsche Übersetzung auf der Webseite von Lobsang Wangdu: https://www.yowangdu.com/tibetan-buddhism/refuge-prayer.html.

3 Das tibetische Zufluchtsgebet *(kyamdro)* ist ein traditionelles buddhistisches Gebet. Alle Übersetzungen, die ich gelesen habe, durchzieht zwar anscheinend dasselbe Thema, doch es gibt unterschiedliche Interpretationen. Ich habe mich aus Gründen der Klarheit und Genauigkeit für die (englischsprachige) Übersetzung von Lobsang Wangdu entschieden.

Weisheitscode 3: Das Vaterunser

1 Burton L. Mack, *The Lost Gospel: The Book of Q and Christian Origins* (San Francisco: HarperOne, 2013).

2 Anm. dt. Redakt.: In der englischsprachigen Originalausgabe dieses Buches gibt Gregg Braden das Vaterunser folgendermaßen wieder: »*Our Father in heaven, hallowed be thy name; thy kingdom come; thy will be done; as in heaven so on earth.*« Sein Kommentar dazu:

Wie bei so vielen Weisheitscodes, so existieren heute auch zahlreiche Übersetzungen des Vaterunsers, mit entsprechend unterschiedlichen Interpretationen. Ich habe mich für George M. Lamsas Übersetzung der Peschitta-Version des Vaterunsers aus dem Aramäischen ins Englische (Philadelphia: A. J. Holman Company, 1933) entschieden, weil Aramäisch seine Muttersprache war. Diese Übersetzung scheint der ursprünglichen Sprache, in der Jesus in seiner Zeit das Gebet gesprochen haben dürfte, näher zu kommen.

3 Anm. dt. Redakt.: Gregg Braden führt diese Information nach eigener Aussage an, »weil die englische Übersetzung des syrischen Vaterunsers die erste Version ist, die wir als Weisheitscode 3 hier betrachten«: »According to scholar and author Stephen Andrew Missick, ›This form of Aramaic is very similar to, but not exactly identical with, the Ara-

maic spoken by Jesus.«« Stephen Andrew Missick, »The Lord's Prayer in the Original Aramaic«, *Aramaic Herald,* 18. März 2011, http://aramaic herald.blogspot.com/2011/03/lords-prayer-in-original-aramaic-by.html. Dieses Zitat stammt aus seinem Blog, in dem er seine Ansichten und Forschungsarbeiten aus seinem Buch *The Language of Jesus: Introducing Aramaic* (Amazon Digital Services, LLC, 2010) zusammenfasst.

Weisheitscode 4: Gayatri-Mantra

1 Wie alt die Veden sind, ist nicht gesichert. Meistens wird der Rigveda, der älteste aller Veden, auf etwa 1100–1700 v. Chr. datiert. Es gibt aber auch Gelehrte, die ihn für 7000 Jahre alt halten. Wie bei vielen dieser uralten Texte gibt es viele Übersetzungen auf Basis vieler Interpretationen des ursprünglichen Textes. Ich habe mich für die schöne und genaue (englische) Übersetzung des Weisheitscodes 4 von Kumud Ajmani, Ph. D., entschieden: *»Brahma, the manifestation of spiritual energy, destroyer of sufferings, embodiment of happiness, bright like sun, destroyer of sins, divine, intellect who may inspire!«*

2 *»We meditate on the glory of that Being who has produced this universe. May He enlighten our minds.«* Swami Vivekananda, *The Complete Works of the Swami Vivekananda,* Vol. 1 (Advaita Ashram, 2016). Dieser erste von neun Bänden wurde zur Feier des 150. Jahrestags von Swami Vivekanandas Geburt im Jahr 1863 herausgegeben und widmet sich der tieferen Erforschung der traditionellen Hindu-Mantras, u.a. des Gayatri-Mantras.

3 *»O thou existence Absolute, Creator of the three dimensions, we contemplate upon thy divine light. May He stimulate our intellect and bestow upon us true knowledge.«* Shri Gyan Rajhans, »The Gayatri-Mantra«, *Learn Religions,* 12. Juni 2019, https://www.learnreligions.com/the-gayatri-mantra-1770541.

4 Kumud Ajmani, »Gayatri-Mantra Word by Word Meaning«, *Glimpses of Divinity: The EagleSpace Blog,* 25. Januar 2018, https://blog.eaglespace.com/gayatri-mantra-words. Diese Abhandlung über das Gayatri-Mantra ist eine der besten, prägnantesten und genauesten Darstellungen, die ich bei meinen Recherchen gefunden habe.

Teil 2: Angst

1 Aus: Pema Chödrön, *When Things Fall Apart: Heart Advice for Difficult Times* (Boston: Shambhala Publications, 1997): 22; dt. Ausgabe: *Wenn alles zusammenbricht – Hilfestellung für schwierige Zeiten* (Goldmann, 2001).

2 Candace Pert, *Molecules of Emotion: The Science Behind Mind-Body Medicine* (New York: Simon and Schuster, 1999); dt. Ausgabe: *Moleküle der Gefühle* (Rowohlt, 1999). Ich hatte das Privileg, Pert vor ihrem Tod im Jahr 2013 kennenzulernen. Wir brachten beide unsere Bücher bei Hay House heraus, und die damaligen »I Can Do It«-Konferenzen waren für uns Referent(inn)en eine großartige Gelegenheit, uns zu treffen und gegenseitig zu unterstützen. Ich habe großen Respekt vor ihrer Arbeit, die zu einem Paradigmenwechsel geführt hat und dokumentiert, wie emotionale Erfahrungen im Körper die Produktion von Neuropeptiden bewirken und wie ungelöste Emotionen und Traumata deren Verstoffwechselung im Körper behindern.

3 Karl Albrecht, »The (Only) 5 Fears We All Share«, *Psychology Today* Blog, 22. März 2012. Die Angst vor der Auslöschung führt die Liste der fünf universellen Ängste des Menschen an. Der Psychologe Albrecht identifiziert und beschreibt diese Ängste und ihre Rolle in unserem Leben klar und prägnant. – Anm. dt. Redakt.: Auf der Rangliste nach der Angst vor Auslöschung folgen die Angst vor Verstümmelung, vor Verlust der Autonomie, vor Trennung und vor dem Ego-Tod. Siehe z.B. auch den deutschsprachigen Artikel unter https://gedankenwelt.de/die-pyramide-der-angst-woher-kommen-unsere-aengste/ (Stand: Juli 2024).

4 Das Gesetz von der Erhaltung der Energie ist ein Grundprinzip der Thermodynamik. Diese physikalische Grundgesetzmäßigkeit wurde nicht zu einem bestimmten Zeitpunkt entdeckt, sondern bildete sich im Lauf der Jahrhunderte heraus; ihre Wurzeln reichen zurück bis zu den Beobachtungen des Astronomen und Physikers Galileo im 17. Jahrhundert. 1842 schrieb Julius Robert von Mayer dieses Prinzip im sogenannten Energieerhaltungssatz fest: »Energie kann weder erzeugt noch vernichtet werden.« Dieses Konzept spielt eine Schlüsselrolle bei Überlegungen zur Unsterblichkeit des Menschen und zum letztendlichen Schicksal der Energie der Seele.

Weisheitscode 5: Katha Upanishad

1 *»The soul is not born, nor does it die. It did not spring from something, and nothing sprang from it. It is unborn, eternal, immortal, and ageless. It is not destroyed when the body is destroyed.«* – Die Worte von Weisheitscode 5 finden sich in den Upanishaden, aber auch in einem fast identischen Wortlaut in der Bhagavad Gita, Kapitel 2, Vers 20 – siehe Weisheitscode 7.

Weisheitscode 6: Pyramidentexte

1 *»There is no seed of a god which has perished, neither has he who belongs to him. You will not perish, who belongs to him.«* R.O. Faulkner, *The Ancient Egyptian Pyramid Texts* (Stilwell, KS.: Digireads.com, 2007): 42. Diese (englische) Übersetzung aus dem Jahr 1969 ist meine Hauptquelle für dieses Kapitel. Inzwischen gibt es viele Übersetzungen der Pyramidentexte, doch die Übersetzung des britischen Ägyptologen Faulkner stimmt am genauesten mit den Übersetzungen überein, die ich von den ägyptischen Führern erhielt, die mich 1986 in die Kammern unterhalb der Unas-Pyramide begleitet hatten. Faulkner arbeitete auch an der Übersetzung der Pyramidentexte mit, die neben Bildern der Hieroglyphen in den einzelnen Kammern steht; siehe https://www.pyramidtexts online.com/translation.html.

Weisheitscode 7: Bhagavad Gita

1 Dies ist meine Hauptquelle für dieses Kapitel: Swami Mukundananda, Übersetzer und Kommentator, *Bhagavad Gita: The Song of God* (Dallas: Jagadguru Kripaluji Yog, 2017) – *»The soul is never created, nor does it ever die. The soul is without birth, eternal, immortal, and ageless. It is not destroyed when the body is destroyed.«* Mukundananda, »Bhagavad Gita: Chapter 2, Verse 20«, aufgerufen am 9. August 2019, https://www.holy-bhagavad-gita.org/chapter/2/verse/20. [Siehe auch Anmerkung 1 zum Weisheitscode 5.] – Anm. dt. Redakt.: Eine andere deutsche Übersetzung aus der Bhagavadgita, hrgs. und aus dem Sanskrit übersetzt von Richard Garbe (Köln: Anaconda, 2008: 66): *»Er (der Geist) wird nicht geboren noch stirbt er jemals, er ist nicht geworden, noch wird er in Zukunft nicht mehr sein. Ungeboren, beständig, ewig, uranfänglich wird er nicht getötet, wenn der Körper getötet wird.«*

2 Mukundananda, »Bhagavad Gita: Chapter 2, Verse 17«, aufgerufen am 9. August 2019, https://www.holy-bhagavad-gita.org/chapter/2/ verse/17: *»That which pervades the entire body you should know to be indestructible. No one is able to destroy that imperishable soul.«* – Anm. dt. Redakt.: Eine andere deutsche Übersetzung aus der Bhagavadgita, hrgs. und aus dem Sanskrit übersetzt von Richard Garbe (Köln: Anaconda, 2008: 65f.): *»Unvergänglich aber, wisse, ist dasjenige, von dem dieses All durchdrungen ist; den Untergang dieses Unveränderlichen kann [n]iemand bewirken.«*

3 Mukundananda, »Bhagavad Gita: Chapter 2, Verse 23«, https://www.holy-bhagavad-gita.org/chapter/2/verse./23: *»The soul can never be cut to pieces by any weapon, nor burned by fire, nor moistened by water, nor withered by the wind.«* – Anm. dt. Redakt.: Eine andere deutsche Übersetzung aus der Bhagavadgita, hrgs. und aus dem Sanskrit übersetzt von Richard

Garbe (Köln: Anaconda, 2008: 66): »*Waffen verwunden ihn (den Geist) nicht, das Feuer verbrennt ihn nicht, das Wasser benetzt ihn nicht, der Wind trocknet ihn nicht.*«

4 Mukundananda, »Bhagavad Gita: Chapter 2, Verse 24«, https://www.holy-bhagavad-gita.org/chapter/2/verse/24: »*This individual soul is unbreakable and insoluble and can be neither burned nor dried. He is everlasting, present everywhere, unchangeable, immovable, and eternally the same.*« – Anm. dt. Redakt.: Eine andere deutsche Übersetzung aus der Bhagavadgita, hrgs. und aus dem Sanskrit übersetzt von Richard Garbe (Köln: Anaconda, 2008: 66): »*Nicht zu verwunden ist er (der Geist) und nicht zu verbrennen, nicht zu benetzen und nicht zu trocknen; beständig, allgegenwärtig, fest, unwandelbar und ewig ist er.*«

Weisheitscode 8: Das Friedens-Evangelium der Essener

1 »*One day your body will return to the Earthly Mother; even also your ears and your eyes. But the Holy Stream of Life, the Holy Stream of Sound, and the Holy Stream of Light, these were never born, and can never die.*« Edmond Bordeaux Székely, *The Essene Gospel of Peace:* Book One (Baja California: International Biogenic Society, 1981). Buch 1 ist das erste der vier Bücher auf Basis von Bordeaux Székelys Übersetzungen. – Anm. dt. Redakt.: Im Deutschen lauten die Titel der vier Bände: 1. *Das Friedens-Evangelium der Essener;* 2. *Die unbekannten Schriften der Essener;* 3. *Die verlorenen Schriftrollen der Essener;* 4. *Das geheime Evangelium der Essener.* – Anm. d. Übers.: Das Zitat von Weisheitscode 8 wurde nicht aus der deutschen Buchausgabe des Friedens-Evangeliums übernommen, sondern gemäß Gregg Bradens englischsprachiger Zitation ins Deutsche übersetzt.

2 Als junger Mann wurde Edmond Bordeaux Székely zu Studien in den Vatikan in Rom geschickt. Um 1923 erhielt er Zutritt zur privaten Vatikanischen Bibliothek, wo er das aramäische Evangelium mit den Lehren und Unterweisungen Jesu entdeckte. Ihm wurde zwar nicht erlaubt, die Dokumente aus der Bibliothek zu entfernen, aber er durfte sie transkribieren.

3 Edmond Bordeaux Székely, *The Essene Gospel of Peace:* Book One (Baja California: International Biogenic Society, 1981: 56–57); dt. Ausg.: *Das Friedens-Evangelium der Essener,* Buch 1 (Saarbrücken: Neue Erde, 4. Aufl. 2015: 24f.).

4 Anm. d. Übers.: Das Zitat wurde nicht aus der deutschen Buchausgabe des Friedens-Evangeliums übernommen, sondern gemäß Gregg Bradens Zitation aus dem Englischen ins Deutsche übersetzt.

Teil 3: Verlust

1 *»The greatest loss is what dies inside us while we live.«* »Norman Cousins Quotes«, BrainyQuote.com, BrainyMedia Inc., aufgerufen am 12. August 2019, https://www.brainyquote.com/quotes/norman_cousins_121747.

2 Aristoteles (384–322 v.Chr.): *Physik,* 4. Buch, Kap. 6–9, siehe auch unter http://www.zeno.org/Philosophie/M/Aristoteles/Physik/4.+Buch.

3 Siehe zum Thema »Verlust« auch: Gregg Braden, *Secrets of the Lost Mode of Prayer: The Hidden Power of Beauty, Blessing, Wisdom and Hurt* (Carlsbad, CA: Hay House, 2006): 173–177; dt. Ausgabe: *Verlorene Geheimnisse des Betens: Die verborgene Kraft von Schönheit, Segen, Weisheit und Schmerz* (EchnAton Verlag, 2008).

Weisheitscode 9: Otagaki Rengetsu

1 *»The impermanence of this floating world I feel over and over. It is hardest to be the one left behind.«* Otagaki Rengetsu, ins Englische übersetzt von John Stevens. Siehe in dessen Buch *Rengetsu: Life and Poetry of Lotus Moon* (Brattleboro, VT: Echo Point Books and Media, 2014): 32.

2 Das buddhistische Prinzip der Vergänglichkeit bildet die Grundlage von Weisheitscode 9 und wird von Otagaki Rengetsu, einer buddhistischen Nonne aus dem 19. Jahrhundert, poetisch beschrieben. Das Buch von John Stevens, *Rengetsu: Life and Poetry of Lotus Moon* (s.o.), diente mir als Quelle über ihr Werk.

3 Für eine eingehende Darstellung der *Drei Merkmale des Daseins* empfehle ich das Werk des vietnamesischen buddhistischen Mönchs Thich Nhat Hanh, besonders sein Buch *The Heart of the Buddha's Teaching: Transforming Suffering into Peace, Joy, and Liberation* (New York: Harmony, 1999); dt. Ausgabe: *Das Herz von Buddhas Lehre: Leiden verwandeln – die Praxis des glücklichen Lebens* (Herder 1997). Die buddhistischen Lehren verfügen über verschiedene Ebenen, die einen immer tieferen und subtileren Sinn enthüllen.

Weisheitscode 10: Buddha

1 Wie bei Weisheitscode 9 verweise ich auf das Werk von Thich Nhat Hanh, v.a. sein Buch *The Heart of the Buddha's Teaching: Transforming Suffering into Peace, Joy, and Liberation* (New York: Harmony, 1999); dt. Ausgabe: *Das Herz von Buddhas Lehre: Leiden verwandeln – die Praxis des glücklichen Lebens* (Herder 1997).

2 Gregg Braden, *The Divine Matrix: Bridging Time, Space, Miracles, and Belief* (Carlsbad CA: Hay House, 2007): 187–189; dt. Ausgabe: *Im Einklang mit der göttlichen Matrix: Wie wir mit Allem verbunden sind* (KOHA 2007). In Teil III wird darauf eingegangen, wie dieses Prinzip oft eine Rolle in unserem Leben spielt.

Weisheitscode 11: Pavamana Mantra

1 *»Lead me from the unreal to the real. Lead me from the darkness to the light. Lead me from death to immortality. Let there be peace, peace, peace.«* Swami Prabhavananda / Fredrick Manchester, *The Upanishads: Breath of the Eternal,* 2. Aufl. (Hollywood, CA: Vedanta Press, 1975): 80. Das Pavamana Mantra wurde vor etwa 2700 Jahren als Teil der Brihadaranyaka Upanishad aufgeschrieben, einer der wichtigsten hinduistischen Upanishaden, die speziell der Erforschung und Metaphysik der menschlichen Seele *(atman)* gewidmet ist. Der Text in Sanskrit ist mehr oder weniger derselbe geblieben, doch es gibt viele unterschiedliche englische Übersetzungen. Für dieses Buch habe ich mich für die Übersetzung des Pavamana Mantra entschieden.

2 John Campbell, wie zitiert in Shira Atkins, »A Beginner's Guide to Essential Sanskrit Mantras«, Sonima, aufgerufen am 21. August 2015, https://www.sonima.com/yoga/sanskrit-mantras.

3 Weitere Kommentare und Erklärungen zur Bedeutung der Wörter bei *Om Asato Maa Sad-Gamaya* können (in Englisch) nachgelesen werden unter https://en.wikipedia.org/wiki/Pavamana_Mantra.

Teil 4: Stärke

1 *»Go within every day and find the inner strength so that the world will not blow your candle out.«* »Katherine Dunham Quotes«, Goodreads.com, aufgerufen am 11. August 2019, https://www.goodreads.com/quotes/592751-go-within-every-day-and-find-the-inner-strength-so.

2 George Gurdjieff beschrieb in einer Reihe von Büchern die Chronik seiner geheimnisvollen Reise auf der Suche nach den verborgenen Lehren, um die sich sein ganzes Leben drehte. Im Jahr 1960 veröffentlichte er die französische Ausgabe seines Buches *Begegnungen mit bemerkenswerten Menschen.* Es wurde 1963 auf Englisch *(Meetings with Remarkable Men)* und Deutsch übersetzt. Hinzu kam 1979 ein gleichnamiger Film (Regie und Buch: Peter Brook). Gurdjieff bezeichnete das Buch als das erste seiner »zweiten Schriftenreihe«.

3 Alfredo Metere, »Does Free Will Exist in the Universe? (That Would Be a No.)« *Cosmos,* 18. Juli 2018, https://cosmosmagazine.com/physics/does-free-will-exist-in-the-universe-that-would-be-a-no. Meist werden die Themen der Wahlfreiheit und des freien Willens nur in philosophischen Schriften diskutiert, doch sie sind ein wesentlicher Grund dafür, dass Teil 4 dieses Buches so viel Kraft bietet. Diese schöne, verantwortungsbewusst geschriebene Untersuchung dieses wirkmächtigen Konzepts ist leicht verständlich und wurde von einem Forscher des International Computer Science Institute verfasst.

Weisheitscode 12: Das Gebet der Schönheit

1 *»The beauty that you live with, the beauty that you live by, the beauty upon which you base your life.«* Shonto Begay, »Shonto Begay«, Indian Artist 3, Nr. 1 (Winter 1997): 52. Die informelle Version des Gebetes der Schönheit, die ich an den Anfang dieses Kapitels gestellt habe, stammt von dem indianischen Künstler Shonto Begay; ich habe sie im *Indian Artist,* einer Kunstzeitschrift aus New Mexico, gefunden. Die Zeitschrift gibt es anscheinend nicht mehr, aber ich führe die Referenz zwecks Klarheit trotzdem an. Siehe auch Mark Sublette, »Shonto Begay, Native American Painter«, *Canyon Road Arts: The Complete Visitors Guide to Arts, Dining and the Santa Fe Lifestyle,* 10. März 2013.

2 Eine genaue (englischsprachige) Erläuterung der Navajo-Zeremonien ist im Navajo-Song-Zeremonienkomplex unter https://en.wikipedia.org/wiki/Navajo_song_ceremonial_complex zu finden (Stand: Juni 2020/Juli 2024).

3 *»In beauty I walk / With beauty before me I walk / With beauty behind me I walk / With beauty above me I walk / With beauty around me I walk / It has become beauty again / It has become beauty again / It has become beauty again / It has become beauty again«*

Die komplette englische Übersetzung des Gebets der Schönheit wurde von Robert S. Drake für Tom Holm, Ph.D., University of Arizona American Indian Graduate Studies Program, Native American Religions and Spirituality, angefertigt. Zu lesen und zu hören in einer Aufnahme von Wayne Wilson, der das Gebet in der ursprünglichen Sprache der Navajo liest und spricht: »Walk in Beauty: Prayer from the Navajo People«, *Talking Feather: Lesson Plans about Native American Indians,* aufgerufen am 19. August 2019, https://talking-feather.com/home/walk-in-beauty-prayer-from-navajo-blessing.

Weisheitscode 13: Vedisches Mantra

1 Beim Schreiben dieses Kapitels habe ich mich vor allem auf drei Artikel verlassen:

• Michael Ireland, »Meditation and Psychological Health and Functioning: A Descriptive and Critical Review«, *Scientific Review of Mental Health Practice* 9, Nr. 1 (Mai 2012): 4–19. Dieser Artikel beschreibt eine wissenschaftliche Auswertung sowie die Nutzeneffekte verschiedener Meditationspraktiken.

• Jai Paul Dudeja, »Scientific Analysis of Mantra-Based Meditation and Its Beneficial Effects: An Overview«, *International Journal of Advanced Scientific Technologies in Engineering and Management Sciences* 3, Nr. 6 (Juni 2017): 21–26. Die moderne Wissenschaft nimmt die alte Wissenschaft der Mantras ernst; inzwischen sind sowohl die physischen als auch die physiologischen Aspekte gut dokumentiert. In diesem Referenzartikel wird eine dieser Studien beschrieben.

• Ramesh, »Om Namah Shivaya – Meaning and Its Significance«, Vedicfeed, 24. Juni 2018, https://vedicfeed.com/om-namah-shivaya-meaning. *Om Namah Shivaya* ist ein uraltes vedisches Mantra und ein traditioneller Gesang. Der Autor zerlegt das Mantra in seine Silben und ordnet sie den Naturelementen und den sieben Chakras zu.

2 MartinSchmidtInAsia, »Enchanted Chanting: Experiencing Peace and Purity in the High School Classroom«, Social Conscience and Inner Awakening Blog, 12. September 2018, https://martinschmidtinasia.wordpress.com/2018/09/12/enchanted-chanting-experiencing-peace-and-purity-in-the-high-school-classroom/.

3 Swami Mukundananda, *Bhagavad Gita: The Song of God,* Chapter 11, Verses 31–33, https://www.holy-bhagavad-gita.org/chapter/11/verse/32.

Weisheitscode 14: Psalm 23

1 Anm. dt. Redakt.: Andere Bibeltextfassungen siehe bibleserver.com.

2 *»I am the shepherd of the people who causes the truth to appear …« [»Ich bin der Hirte der Menschen, der verursacht, dass die Wahrheit in Erscheinung tritt …«]* Stan Rummel, »The Hammurabi Stele: Partially Retold in English«, Website von K.C. Hanson (im Juli 2024 jedoch nicht mehr verfügbar): http://www.kchanson.com/ANCDOCS/meso/hammurabi.html. Die dort am 27. August 2019 vorgefundene englische Übersetzung ist eine gut verständliche Fassung eines Textes von der alten Hammurabi-Stele, einem Steinmonument, auf dem 282 Gesetze aufgezeichnet sind, die vom König von Babylon 1754 v. Chr. erlassen wurden.

Teil 5: Liebe

1 *»Strive to make your love greater than your need and let love be the most powerful force in your life. Then nothing can overcome you.«* Kate McGahan, *Only Gone from Your Sight: Jack McAfghan's Little Guide to Pet Loss and Grief* (Kate McGahan: 2018).

2 *»Your task is not to seek for love, but merely to seek and find all the barriers within yourself that you have built against it.«* Goodreads.com, aufgerufen am 13. August 2019, https://www.goodreads.com/quotes/1268078-your-task-is-not-to-seek-for-love-but-merely.

3 Anm. dt. Redakt.: Thomasevangelium, Logion 58; zitiert nach https://www.ewigeweisheit.de/apokryphen/gnosis/das-thomas-evangelium (Stand: Juni 2020/Juli 2024). In einer anderen Übersetzung heißt es z.B.: *»Selig der Mensch, der sich* abgemüht *hat …«*

4 Anm. dt. Redakt.: Thomasevangelium, Logion 70; zitiert nach https://www.ewigeweisheit.de/apokryphen/gnosis/das-thomas-evangelium (Stand: Juni 2020/Juli 2024).

5 *»Through the power of love, we can let go of past history and begin again.«* Ernest Holmes Quotes, AZ Quotes, aufgerufen am 13. August, 2019, https://www.azquotes.com/author/6840-Ernest_Holmes.

6 Andrea Brandt, Ph.D., M.F.T., »How Do You Forgive Even When It Feels Impossible? (Part 1)«, *Psychology Today,* 2. September 2014.

7 *»By forgiving, you are accepting the reality of what happened and finding a way to live in a state of resolution with it.«* Andrea Brandt, »How Do You Forgive Even When It Feels Impossible? (Part 1)« (s.o.).

Weisheitscode 15: Das Thomasevangelium

1 Anm. dt. Redakt.: Thomasevangelium, Logion 70. Auf https://www.ewigeweisheit.de/apokryphen/gnosis/das-thomas-evangelium lautet der zweite Teil dieses Logion: *»Wenn ihr nicht das hervorbringt, was in euch ist, wird euch das, was ihr nicht hervorbringt, töten.«* (Stand: Juni 2020/Juli 2024.)

2 Ofer Aderet, »Holocaust Survivor Known for Forgiving Nazis Dies at 85 on Trip to Auschwitz«, *Haaretz,* 4. Juli 2019.

Teil 6: Die Power-Codes

1 *»Words are singularly the most powerful force available to humanity.«* Yehuda Berg, »The Power of Words«, HuffPost, 27. November 2011, https://www.huffpost.com/entry/the-power-of-words_b_716183.

Power-Code 1: Ich will

1 *»What happens on earth is but a pale reflection of that greater, ultimate reality.«* Michael Wise / Martin Abegg, Jr. / Edward Cook, Übersetzung und Kommentare, »The Songs of the Sabbath Sacrifice«, *The Dead Sea Scrolls: A New Translation* (New York: HarperSanFrancisco, 1996): 365.

2 *»Out yonder there was this huge world which exists independently of us human beings and which stands before us like a great, eternal riddle, at least partially accessible to our inspection and thinking.«* Zitiert nach Alice Calaprice (Hrsg.), *The Expanded Quotable Einstein* (Princeton, N.J.: Princeton University Press, 2000): 220; dt. Ausgabe: *Einstein sagt: Zitate, Einfälle, Gedanken* (Piper 2007).

3 *»We had this old idea, that there is a universe out there, and here is man, the observer, safely protected from the universe by a six-inch slab of plate glass.«* Zitiert nach F. David Peat, *Synchronicity: The Bridge Between Matter and Mind* (New York: Bantam Books, 1987): 4.

4 *»[...] like vast space where nothing is lacking, and nothing is in excess.«* Richard B. Clarke, *Hsin-Hsin Ming: Seng-ts'an, Third Zen Patriarch* (Buffalo, NY: White Pine Press, 2011): 11. Der Hsin-Hsin Ming wird Chien Chih Seng-ts'an zugeschrieben, dem dritten Zen-Patriarchen im 6. Jahrhundert.

5 Anm. dt. Redakt.: Einheitsübersetzung 2016, Matthäus 8,2. Der Kontext (Verse 2 und 3) lautet: *»Und siehe, da kam ein Aussätziger, fiel vor ihm nieder und sagte: Herr, wenn du willst, kannst du mich rein machen. Jesus streckte die Hand aus, berührte ihn und sagte: Ich will – werde rein! Im gleichen Augenblick wurde der Aussätzige rein.«*

Power-Code 2: Ich bin

1 Die Metapher »Lost in translation« – wörtlich übersetzt: »Verloren in Übersetzung« – spielt auf den Kultfilm »Lost in translation – Zwischen den Welten« an (Anm. dt. Redakt.).

2 Siehe auch Gregg Braden, *The Divine Matrix,* 161–164; dt. Ausgabe*: Im Einklang mit der göttlichen Matrix: Wie wir mit Allem verbunden sind* (KOHA 2007). Für eine tiefer gehende Erläuterung unserer Beziehung zum wissenschaftlich anerkannten Energiefeld, das alles miteinander verbindet, verweise ich auf mein früheres Werk.

3 Anm. dt. Redakt.: Thomasevangelium, Logion 106; zitiert nach der Übersetzung des Berliner Arbeitskreises für Koptisch-Gnostische Schriften, die derzeit – mit Ausnahme der Logien 43–85 – online unter static.uni-graz.at/fileadmin/kath-institute/Neues-Testament/evth.pdf zugänglich ist (Stand: Juni 2020 / Juli 2024).

Teil 7: Gleichnisse

1 *»Humans are not ideally set up to understand logic; they are ideally set up to understand stories.«* Roger C. Schank, *Tell Me a Story: Narrative and Intelligence* (Evanston, IL: Northwestern University Press, 1995).

2 *»Who are we … but the stories we tell about ourselves, particularly if we accept them?«* Scott Turow, *Ordinary Heroes* (New York: Grand Central Publishing, 2011): 6.

3 Der Filmemacher Werner Herzog zeigt in seinem herausragenden Dokumentarfilm *Cave of Forgotten Dreams* (dt. Titel: *Die Höhle der vergessenen Träume*) Bilder der ältesten uns bekannten Höhlenmalereien. Siehe https://en.wikipedia.org/wiki/Cave_of_Forgotten_Dreams; dt. Website: https://de.wikipedia.org/wiki/Die_Höhle_der_vergessenen_Träume.

4 *»Humans are not ideally set up to understand logic; they are ideally set up to understand stories.«* Schank, *Tell Me a Story* (s.o.).

5 *»[…] refines the neural pathways that lead to skillful navigation of life's problems.«* Jonathan Gottschall, *The Storytelling Animal: How Stories Make Us Human* (New York: Mariner Books, 2012): 67.

6 Anm. dt. Redakt.: Thomasevangelium, Incipit bzw. Logion 1; zitiert nach der Übersetzung des Berliner Arbeitskreises für Koptisch-Gnostische Schriften; siehe unter static.uni-graz.at/fileadmin/kath-institute/Neues-Testament/evth.pdf (Stand: Juni 2020/Juli 2024). Didymos Judas Thomas, das ist Judas Thomas, genannt der Zwilling.

Gleichnis 1: Die Frau und der Krug

1 Anm. dt. Redakt.: Thomasevangelium, Logion 97; zitiert nach der Übersetzung des Berliner Arbeitskreises für Koptisch-Gnostische Schriften; siehe online unter static.uni-graz.at/fileadmin/kath-institute/Neues-Testament/evth.pdf (Stand: Juni 2020/Juli 2024).

2 Anm. dt. Redakt.: Thomasevangelium, Logion 106; zitiert nach der Übersetzung des Berliner Arbeitskreises für Koptisch-Gnostische Schriften; siehe online unter static.uni-graz.at/fileadmin/kath-institute/Neues-Testament/evth.pdf (Stand: Juni 2020/Juli 2024).

Gleichnis 2: Der vergiftete Pfeil

1 Thich Nhat Hanh, *Zen Keys: A Guide to Zen Practice* (New York: Harmony, 1994): 42; dt. *Schlüssel zum Zen* (Herder 1996/2000): 46f.

Druckgenehmigung

Wir bedanken uns für die Genehmigung, eine Anleitung sowie Textauszüge wiedergeben zu dürfen, u.a. aus folgenden Quellen:

- Quick Coherence®-Technik des *HeartMath Institute*
- *Prayers of the Cosmos* von Neil Douglas-Klotz (San Francisco: HarperSanFrancisco, 1994); dt. Ausgabe: *Das Vaterunser. Meditation und Körperübungen zum kosmischen Jesusgebet.* Übersetzung von Gita Onnen und Eva Ploes. München: Droemersche Verlagsanstalt Th. Knaur Nachf., TB-Ausgabe, April 2000
- *Rengetsu: Life and Poetry of Lotus Moon,* ins Englische übersetzt von John Stevens (Brattleboro, VT: Echo Point Press Books and Media, 2014)
- *Hsin-Hsin Ming: Seng-ts'an Third Zen Patriarch* von Richard B. Clarke (Buffalo, NY: White Pine Press, 2011)

Über den Autor

Gregg Braden hat bereits fünf *New York Times*-Bestseller geschrieben. Zwölf seiner Bücher sind preisgekrönt und wurden in über 40 Sprachen veröffentlicht. Er ist Wissenschaftler, hält Vorträge und wird international als Pionier anerkannt, der Brücken baut zwischen moderner Wissenschaft, alten Weisheiten und dem menschlichen Potenzial.

Von 1979 bis 1990 arbeitete Gregg Braden in Krisenzeiten als Problemlöser für Fortune-500-Unternehmen wie Cisco Systems (erster

Technical Operations Manager), Phillips Petroleum (Computergeologe während des ersten Öl-Embargos 1979/80) und Martin Marietta Defense Systems während des Kalten Kriegs (Verbindungsmann für die U.S. Space Command/Star Wars Defense Initiative). Auch heute noch widmet er sich der Lösung von Problemen und verbindet dabei moderne Wissenschaft mit der Weisheit der Vergangenheit, um praktikable Lösungen für die Herausforderungen unseres Lebens zu finden.

Gregg Braden ist Mitglied von visionären Organisationen und Think Tanks wie der American Association for the Advancement of Science, dem Lenkungsausschuss der Global Coherence Initiative sowie der Evolutionary Leadership Organization. Er hat seine Erkenntnisse und Entdeckungen in über 30 Ländern auf sechs Kontinenten vorgestellt, wird im Abspann von 16 Filmen genannt und wurde als Sprecher von den Vereinten Nationen, Fortune-500-Unternehmen, dem US-Militär eingeladen.

Das britische Journal *Watkins Mind Body Spirit* führte Gregg Braden sechs Jahre in Folge unter den 100 »spirituell einflussreichsten lebenden Persönlichkeiten« auf. Er wurde vielfach mit Preisen ausgezeichnet, unter anderem dem *Illuminate Film Festival 2019 Conscious Visionary Award* und dem *2019 New Thought Walden Award.* 2020 stand er als Kandidat auf der Nominiertenliste für den angesehenen *Templeton Prize,* der »an herausragende Persönlichkeiten« vergeben wird, »die ihre Talente und Fähigkeiten engagiert dafür einsetzen, unsere Vision der menschlichen Bestimmung und der höchsten Realität weiterzuentwickeln«.

Der Vertiefungskurs

Erfahre, wie du die Weisheitscodes täglich und in jedem Lebensbereich anwenden kannst!

Was wussten unsere Vorfahren, das wir heute scheinbar vergessen haben?

Gregg Braden öffnet dir die Türen zur Weisheit unserer Vorfahren.

Dank dieser Erkenntnisse kannst du in jeder Lebenslage die passende Lösung finden, die dir emotionales Wohlbefinden bereitet.

Kursstruktur:

- **Lektion 1: Die Kraft der Worte**

Lerne, wie Sprache deine Realität formt und wie du deine Worte in Zeiten der Not bewusst wählen kannst.

- **Lektion 2–3: Anwendung der Weisheitscodes und Aktivierung innerer Stärke**

Vertiefe deine Herz-Hirn-Kohärenz und nutze sie für Heilung und persönliche Transformation.

- **Lektion 4–6: Umgang mit Verlust, Angst und Schutz**

Erkunde spezielle Weisheitscodes, um deine Perspektive auf Verlust und Ängste zu verändern und ein Gefühl des Schutzes zu entwickeln.

- **Lektion 7–9: Liebe, Gleichnisse und Power-Codes**

Entdecke die Kraft der Liebe, überlieferter Gleichnisse und mächtiger Power-Codes, um deine Beziehung zum Universum neu zu definieren.

»Du wurdest wahrlich geboren,
um **außergewöhnlich** zu sein.
Du musst es nur erkennen und
dein höchstes Potenzial entfalten.«

Wichtige Hinweise

– Die im Buch veröffentlichten Empfehlungen wurden von Verfasser und Verlag sorgfältig erarbeitet und geprüft. Eine Garantie kann dennoch nicht übernommen werden. Ebenso ist die Haftung des Verfassers bzw. des Verlages und seiner Beauftragten für Personen-, Sach- und Vermögensschäden ausgeschlossen. Empfehlungen ersetzen keine ärztliche Konsultation, und deren Anwendung erfolgt auf eigene Verantwortung der Leserinnen und Leser.
– Der Inhalt dieses Buches gibt die Meinungen des Autors wieder, die nicht unbedingt mit der Ansicht des Verlages und seines Teams übereinstimmen.
– Die Publikation kann Links zu externen Webseiten Dritter enthalten, auf deren Inhalte wir keinen Einfluss haben; für diese fremden Inhalte können wir keine Gewähr übernehmen. Rechtswidrige Inhalte waren zum Zeitpunkt dieser Veröffentlichung nicht erkennbar.
– Auch wenn eine gendergerechte Sprache wünschenswert ist, gibt es aus Sicht des Verlages bisher keine befriedigende, gut lesbare Lösung. Der leichteren Lesbarkeit zuliebe haben wir zumeist von der Doppelung männlicher und weiblicher Formen nach dem Muster »der … oder die …«, »er bzw. sie« usw. Abstand genommen. Selbstverständlich liegt es uns fern, dadurch jemanden zu benachteiligen.
– Die Texte auf den Seiten 4/5 und 232/233 sind in der amerikanischen Originalausgabe von Gregg Bradens Buch nicht enthalten.

Titel der Originalausgabe:
The Wisdom Codes.
Ancient Words to Rewire Our Brains and Heal Our Hearts.

Hay House, Inc., 1st edition, May 2020
www.hayhouse.com

Deutsche Ausgabe:
2. Auflage 2024

www.momandaverlag.de

Übersetzung aus dem Englischen: Maria Müller-de Haën
Lektorat/Redaktion: Gitta Lingen
Cover: Guter Punkt, München,
unter Verwendung eines Motivs von Barbara LeVan Fisher
Illustration S. 33 u.a.: Shutterstock
Satz & Layout: Birgit-Inga Weber
Gesamtherstellung: Bernhard Keller
Druck: CPI Moravia Books – Printed in the EU
ISBN 978-3-95628-041-2